Bewegung ist Heilung

Sozialhygienische Schriftenreihe

13

Herausgegeben vom Verein
für ein erweitertes Heilwesen
Bad Liebenzell

SIMEON PRESSEL

Bewegung ist Heilung

Der Bewegungsorganismus
und seine Behandlung

VERLAG FREIES GEISTESLEBEN

CIP-Kurztitelaufnahme der Deutschen Bibliothek

Pressel, Simeon:
Bewegung ist Heilung / Simeon Pressel. – 2. Aufl. – Stuttgart:
Verlag Freies Geistesleben, 1985.
(Sozialhygienische Schriftenreihe; 13)
ISBN 3-7725-0173-7
NE: GT

Einband: Walter Krafft

Satz und Druck: Chr. Kammler, Stuttgart

Inhalt

Vorwort 7

Dreifach bewegt sich der Mensch – Das Problem der Bewegungskrankheiten 10

Sensibles Zusammenspiel im Bewegungsorganismus 21

Der unbekannte Muskelmensch – ein Hinweis auf das Karma 24

Rheuma – eine Volkskrankheit 38

Wirbelschäden – eine Zeitkrankheit 44

Wirbelsäule und Schicksal 49

Der menschliche Kopf in Freud und Leid 70

Der Fuß – sein Verfall und seine Wiederbelebung 77

Der Unterschenkel – ein wenig beachteter therapeutischer Ort 81

Massagen helfen heilen 85

Das Setzen von Schröpfköpfen – Eine uralte Heilbehandlung in neuer Sicht 88

Erfahrungen mit der Heileurythmie 101

Von der Heilkraft der Sprache 109

Wärme – Grundlage alles Lebens 117

Wie sollen wir uns kleiden? Ein Wort zur Wolle 122

Krankheit als Schicksal – Entwicklungshemmnis oder -förderung? 125

Harmonisches Altern ist eine Kunst, die man lernen kann 129

Simeon Pressel (1905–1980)

Vorwort

Simeon Johannes Pressel wurde am 5. Juni 1905 in Hilpertsau im Schwarzwald geboren. Er war das zweite Kind, sein Vater war Holzkaufmann. In der Familie sympathisierte man mit der Lebensreformbewegung, und so lernte er schon früh manch bewährtes Hausmittel kennen. Wegen seiner zarten Konstitution zu einer Kur geschickt, machte er bereits mit 17 Jahren Erfahrungen mit der Massage und war davon so beeindruckt, daß er zu Hause gleich den Vater massierte. Seitdem war er mit dieser Therapieform auf das engste verbunden und erzielte mit ihr außergewöhnliche Erfolge.

Nach Beendigung des Medizinstudiums mit dem Dr. med. im Alter von 24 Jahren war er in Jena als Assistenzarzt und in Stuttgart am Homöopathischen Krankenhaus tätig. Dann fing er in Bayreuth eine eigene Praxis an. 1935 heiratete er, zwei Kinder wurden geboren, von denen eines durch einen Impfschaden behindert war und, wie er selbst sagte, nur „lachen oder weinen" konnte. Auf der Suche nach neuen Wegen in der Medizin begegnete Simeon Pressel der anthroposophisch erweiterten Medizin. Die Anthroposophie Rudolf Steiners wird nun in allem sein Leitstern; er bekennt sich kompromißlos zu ihr.

1939 wird er eingezogen. Seine Frau und beide Kinder kommen 1945 beim einzigen Fliegerangriff auf Bayreuth ums Leben. Im selben Monat, kurz vor Ende des Krieges, gerät er in russische Kriegsgefangenschaft. Schnell wird ihm deutlich, daß die Kräfte, die den Menschen normalerweise tragen, die „Fassaden der Konvention", die Tradition, hier versagen und daß der Mensch, will er die Lagersituation – physische Not und seelische Bedrängnis – überstehen, nach anderen Quellen suchen muß.

Er berichtet: „Der Schock der Gefangennahme löste bei den einen eine Selbstmordwelle aus – Schüsse hallten durch die Wälder –, andere fielen in lethargische Zustände, die sich bis zum Bilde der Katatonie des Geisteskranken entwickeln konnten. Sich zerstören und sich fallen lassen, das blieb auch weiterhin die Grundhaltung aller Verzagten. Das Ergebnis nach ein bis zwei Jahren: Mehr Gräber als Überlebende; diese meist innerlich zerbrochen, von mehr pflanzen- und tierhaften Kräften hindurchgerettet."

In dem „Meer verzweifelten Brütens" gelingt es ihm, ein meditatives Leben zu entfalten. So entsteht ein Getragensein von geistigen Kräften, aus denen er auch für die anderen Lagerinsassen hilfreich sein kann. Eine Gruppe von Menschen bildet sich um ihn, die sich die Anthroposophie erarbeitet. Er behandelt Lagerkameraden mit Massagen und Heileurythmie.

Rückblickend bekennt er: „In den durch Rudolf Steiner gegebenen Wegen der Geistessuche konnte etwas erlebt werden, was in sich diesem finsteren Schicksal gewachsen war, als nährte es sich aus der Dunkelkraft."

1950 kehrt er aus der Gefangenschaft zurück und stellt sich sofort der Waldorfschulbewegung zur Verfügung. Zunächst arbeitet er fünf Jahre an der Stuttgarter Waldorfschule als Schularzt und führt dann zwei Jahre lang ein „Wanderleben", reist durch Skandinavien, um an Schulen und heilpädagogischen Heimen als Arzt, Lehrer und Berater einzuspringen. Auch hält er Vorträge und Seminare über Geisteswissenschaft.

1957 läßt er sich in Stuttgart als praktischer Arzt nieder, 1958 heiratet er die Holländerin Lies van Schouwen, mit der er vier Kinder hat.

Hingabe und waches Wahrnehmen, vor allem bei der Massage, brachte ihm die Fähigkeit, das Wesen seiner Patienten zu erfassen und ihr Schicksal zu erfühlen. Ihm galt alles Krankheitsgeschehen nie als „Betriebsunfall, den man hätte vermeiden sollen", sondern als entwicklungsfördernd. „Die unbedeutenden, unbequemen, gefährlichen Ereignisse sind es, die uns aus der Ofenecke der Einseitigkeit hervorholen, um größere und weitere Grenzen abzustekken", notiert er einmal. Seine endlose Geduld, seine Wärme, seine stets freilassende Anregung des Patienten zur eigenen Aktivität, – all das war tragend für den Menschenkreis, dessen er sich annahm, und ließ ihn zu einem überaus beliebten Arzt werden.

Auch seine vielen Kurse, bei denen er sein Wissen und seine Erfahrungen weitervermittelte, machten ihn weithin bekannt.

Das schwere Krebsleiden, das er in seinen letzten Lebensjahren geduldig erträgt, hindert ihn nicht daran, bis zuletzt – sieben Tage vor seinem Tod – zu behandeln und Massageunterricht zu geben. Er stirbt am 14. Oktober 1980.

Lies Pressel Stuttgart, Februar 1984

Zu den gesammelten Aufsätzen dieses Buches

„Dreifach bewegt sich der Mensch" und „Der unbekannte Muskelmensch" erschienen in Heft 9/1974 bzw. 11/1975 der Zeitschrift „Die Drei", „Wirbelsäule und Schicksal" erschin in „Weleda Korrespondenzblätter für Ärzte" Heft 68/1968. „Der Unterschenkel . . ." und „Das Setzen von Schröpfköpfen" wurden zuerst in den „Beiträgen zu einer Erweiterung der Heilkunst nach geisteswissenschaftlichen Erkenntnissen", Heft 7,8/1952 bzw. 5/1971 veröffentlicht, „Wie sollen wir uns kleiden?" in „Die Volksgesundheit" (Bern), Nr. 4/1972. Die übrigen Aufsätze erschienen zu verschiedenen Zeitpunkten in den „Weleda-Nachrichten". Die meisten der Aufsätze sind im besten Sinne des Wortes populär gehalten, nur da, wo Simeon Pressel sich primär an Fachleute wendet, erwies es sich als notwendig, medizinische Fachausdrücke in Klammern zu erläutern oder sie zu ersetzen. Die hier veröffentlichten Texte sind die Frucht einer über 50jährigen praktischen Erfahrung, die Pressel für möglichst viele Menschen zugänglich machen wollte.

Dreifach bewegt sich der Mensch – Das Problem der Bewegungskrankheiten

Warum fühlen wir uns an der Meeresbrandung, am Wasserfall oder an einem Fluß so ergriffen? Wirkt die unerschöpfliche Fülle des Bewegtseins vielleicht auf einen verwandten Bewegungsstrom im Menschen? Im Sportstadion schauen Tausende zu, wie wenige Höchstes leisten. Auch hier fühlen sie sich mitbewegt im Inneren. Aber alles Zuschauen kann nur eine *Ahnung* der eigenen Bewegung geben; nie kann sie den Verfall des Muskel-Gelenk-Organismus auch nur aufhalten! Denn dieser Verfall scheint uns allen unausweichlich bestimmt zu sein, seit Maschinen uns fast alle körperliche Anstrengung abgenommen haben. Kann doch ein Knopfdruck heute Leistungen hervorzaubern, die früher mühselig von vielen Menschen getan werden mußten. Was geschieht aber bei uns mit dem Strom ungenutzter Bewegungsenergien? Er verwandelt sich in das Heer der Bewegungskrankheiten! Erst wenn man in dieser Größenordnung denken lernt, wird die ungeheure Wucht dieser Leiden begreiflich.

Es beginnt mit *Bewegungsunlust,* die sich steigert, zur *Hemmung* und schließlich zur *Sperre* wird. Und bei diesen direkten Auswirkungen bleibt das Verhängnis nicht stehen. Für den Stoffwechsel ist die Bewegung der große Motor, und so kommt hier auch alles ins Stocken. Häufig setzt uferlose Fett- und Wasseransammlung ein, die ihrerseits wieder die Bewegung erschwert: Der Teufelskreis ist geschlossen. Alle Organsysteme wieder sind durch den Kreislauf verbunden, der Frische und Kraft vermitteln soll. Kommt dieses Grundgefühl zum Erliegen, so erstickt Müdigkeit jeden Rest von Bewegungsfreude. Wenn anfangs noch eine verstärkte Denktätigkeit Ersatz bietet, so breitet sich später meistens die allgemeine Willensschwäche auch auf das Bewußtsein aus. Das arm gewordene Seelenleben will sich nur noch von außen anregen lassen. Von diesem Vakuum leben die heutigen Massenmedien; sie füllen es prächtig aus und fixieren es in Gewohnheiten. Bei den Endstationen

Fernsehsucht oder gar Drogen scheint die Illusion vollständig zu sein, der Rückweg fast unmöglich.

Aber in jedem Organismus sind auch Kräfte der Wandlung und Heilung tätig; sie wirken durch Schmerzen und Krankheit und können dadurch selbst die hartnäckigsten Leiden wieder auflösen. Dieser Wiederaufstieg kann an jeder Stelle beginnen, kann z. B. das Denken zum Ausgangspunkt nehmen. Nichts kann den ganzen Menschen so erfrischen wie gesunde, fruchtbare Gedanken. Wirklichkeitsgemäße Vorstellungen über die Bewegung zu schaffen, kann also schon der erste Schritt zur Heilung sein.

Viele Menschen suchen den Ausweg aus der Bewegungsträgheit in Gymnastik und Sport, die vor allem für die Jugendzeit große Bedeutung haben. Aber spätestens von der Lebensmitte an müssen andere Kategorien und Kräfte hinzutreten, wenn körperliche Betätigung fruchtbar bleiben soll. Das ergibt sich am besten aus einer Übersicht der Entwicklung von der Kindheit an. Es ist erstaunlich: Jedes Menschenleben beginnt mit einem frischlebendigen Bewegungsorganismus. Von den Vorstufen der Bewegung im Mutterleib können wir uns die geballte Konzentration des ganzen Körpers in der embryonalen Eiform einprägen, aus der der dramatische Ausbruch ins irdische Dasein bei der Geburt gewagt und gewonnen wird. Dabei muß der vorher völlig gebeugte Kopf maximal nach hinten gestreckt werden: eine Bewegung, die ebenso gesetzmäßig im Todesaugenblick erfolgt! ,,Der Todesprozeß beginnt bei der Geburt", so kann man in vieler Hinsicht sagen. (Aller Anfang ist urbildhaft und kann zum Schlüssel richtigen Verstehens werden.) Ein Mensch ,,erblickt das Licht der Welt", das heißt, er kommt aus der lebenaufbauenden Dunkelheit in den Bereich, wo ein waches Bewußtsein sich entfalten kann. Viel dramatischer ist die Begegnung mit der Luft, die bei der ersten Atmungsbewegung in den so gut wie luftfreien Körper einströmt und den ersten Schrei auslöst. Das feste Element wieder wird nur langsam und in vielen Teilschritten ins kindliche Dasein hereingenommen. In dem Maße, wie im Kopf, dann im Rumpf und endlich in den Gliedern sich der harte Knochen bildet, werden diese Teile aufgerichtet, bis gegen Ende des ersten Jahres das Kind stehen und bald dann auch gehen kann; die

Verdichtung des Skeletts ist jeweils die Voraussetzung zur Begegnung mit der Welt. Damit sind die Grundelemente der leiblichen Bewegung geschaffen. Das Kind kann mit seinen Gliedern den Raum durchmessen. Aber dies Können ist nur Knospe und will sich entfalten. Zu seiner Reifung wendet sich die Entwicklung noch einmal den so zeichenhaft begrüßten Elementen Luft und Licht zu, diesmal in tiefeingehender Gründlichkeit. Untersuchungen haben gezeigt, wie die spätere Sprachbildung aus dem vorgeburtlichen Dialog zwischen mütterlichem Atem-Puls-Rhythmus und träumender kindlicher Wahrnehmung veranlagt wird[1]. Diese drei: Atem, Puls und Sprache, durchdringen lebenslang den ganzen Menschen, geben schon dem Kinde den Anfang eines Innenlebens und gestalten bis in die äußere Bewegung. Der plumpe Watschelgang des Kleinkindes wird zur federnd-hüpfenden Quecksilbrigkeit „durchluftet". Ja, es ist ein biographisch wichtiger Moment, wenn zum ersten Mal ein Hüpfen, die Lösung des Gewichts von der Erde, gelingt.

Aufgabe der Schule ist es, diese feinfühlige Seelenhaftigkeit in das ganze Tun und Erleben hineinzuarbeiten; was jetzt versäumt wird, legt den Grund für die späteren Leiden des Bewegungsapparates. Wie die Sprache, dies feinste Wunderwerk präzisierter Muskelkombination, im Kindesalter den Bewegungsmenschen durchatmet hat, so lebt die Gesundheit des Erwachsenen aus diesem Fonds der sprachhaften Durchseelung. Erst wenn man die Eskalation der Alterskrankheiten als Folgen der Versäumnisse und Schädigungen in der Frühzeit sehen lernt, werden sie verständlich, vermeidbar und viel eher der Heilung zugänglich. Der Blick für diese langfristigen Folgen kann an der Beobachtung des direkten Zusammenhangs geschult werden: Das Lied erfrischt den ermüdeten Wanderer, das Kommando befeuert den Soldaten. Die sogenannten Primitiven brauchen den Vorsänger zur Arbeit. Aber solche Augenblickswirkungen können nur die Richtung zeigen, wie Sprache, Musik, ja schließlich alle Künste als Vehikel der Seele den ganzen Organismus belebend durchdringen. Und diese Zusammenwirkung kann alle Gleichgewichtsstörungen ausgleichen – Gesundheit ist Gleichgewicht!

Hier lassen sich einige Tatsachen verständlich machen. Selbst „primitive" Völker – ja, gerade sie – haben Künste als selbstverständlichen Bestandteil ihres ganzen Lebens; nicht als ornamentales Beiwerk, sondern alles lebt darin. Wahrscheinlich wissen sie nicht, daß sie sich dadurch viele Krankheiten ersparen, aber der gesunde Instinkt, die unverdorbene Seele selbst, treibt sie unbewußt dazu.

Viel schwieriger ist es, Kranke davon zu überzeugen, daß künstlerische Therapie für sie heilsam, ja notwendig ist, sie empfinden sie lange Zeit als überflüssigen Luxus. Erst wenn die Seele in Bewegung kommt, bricht die Überzeugung durch, daß dies der direkte Weg zur Befreiung ist. Der Bewegungsgestörte, besonders der Arthrotiker, ist meistens auch in der Seele starr.

Die tiefe Verwandtschaft von Sprache und Bewegung erhellt auch noch aus einer anderen Parallele. Als Vorstufe kann man eine erste und zweite Lallperiode unterscheiden. Bei der ersten formt das Kind Laute aus dem Inneren in großer Reichhaltigkeit. Diese universalen Modulationen „sind über die ganze Welt hin gleich, und auch das taubgeborene Kind . . . zeigt noch etwa bis zum dritten Monat diesen Lautschatz"[2]. Nach einer stummen Zwischenperiode folgt dann das zweite Lallen aus der Nachahmung und im Dialog mit der Umgebung. Erst diese altruistische Zuwendung führt zur Sprache. Ähnlich geht es bei der Entwicklung der Bewegung: das erste Strampeln des Säuglings ist nur Ventil der inneren Fülle, wird in den leeren Raum *gestoßen*. Erst nach der Reifung kann das Tasten und Greifen beginnen, das zum Stehen und Gehen führt: dem „Gespräch" mit der Erde. Es ist eine ständige Auseinandersetzung mit der Schwere, die überwunden werden muß. Die Luft-Sprache dagegen kennt keine Lasten, keine Müdigkeit, ist nie ungelenk. Wie ein frischer Bergbach entquillt, entströmt sie dem unendlich beweglichen Munde. Wendet sie nun diese Leichtekräfte zurück ins Reich der Gliedmaßenbewegung, dann vermag sie dort Erstarrung zu lösen, zu heilen.

Für die Praxis ergibt sich aus dieser Sprachbetrachtung – was man ohnehin schon wissen kann: Alle leibliche Übung wird in ihrer Heilwirkung gesteigert durch Sprachlich-Musikalisches. Dieses muß aber nicht hörbar sein; viel wichtiger ist, daß es kraftvoll im

Inneren schwingt. Dagegen hat eine mit saurer Miene pflichtschuldig durchgeführte Gymnastik keinen großen Wert. Zusammengefaßt: die Übung hat soviel Heilwert, wie sie Freude weckt.

Früher war der Tanz eine Angelegenheit des ganzen Volkes – bei manchen Völkern heute noch –, das in gemeinsamem Freudenstrom sich dem musikalisch-motorischen Wogen hingab und dabei Erholung fand von den oft großen körperlichen Anstrengungen des tätigen Alltags. Denn durch Musik und Rhythmus wird die Leibesbewegung auf die Ebene der Unermüdlichkeit hinaufgehoben.

Wie die erste Schulzeit verantwortlich ist für die innere Durchdringung der leiblich-räumlichen mit der luftig-rhythmisch-unermüdlichen Bewegungskraft, so entsteht um die Pubertät die Basis für die letzte Stufe: das Licht des Denkens. Was bei der Geburt den Anfang machte, wird als letztes eingeflochten. Ja, es erreicht sogar erst im letzten Lebensdrittel seinen Höhepunkt. Schauen wir uns auch hierfür ein urtümlich lebendes Volk an: die Lappen. In der Jugend geht der Bursche täglich hinaus zu den Tieren und muß harte Arbeit leisten. Der Ältere gibt ihm morgens die Aufträge, beurteilt abends das Geleistete; er arbeitet als Befehlender mit seinem Wort durch die Glieder der Jungen hindurch. Der älteste Lappe aber sitzt in der Ecke und „tut nichts" – so scheint es uns vielleicht. Aber seine Leute wissen das besser, denn bei jeder neuen Frage, etwa des Rechtes, des Volkes, der Familienzusammenhänge (Heiraten), da weiß nur der „Nestor" Rat. Und es ist ein Gradmesser für die Gesundheit einer Bevölkerung, ob die Alten hierfür brauchbar sind – oder ob sie innerlich aus dem Lebenszusammenhang herausgezogen sind, wie der alte Lappe nur äußerlich. Wer in der Jugend seine Glieder ausgiebig bewegt, später seine sprachlich-rhythmischen Kräfte geschult hat, der hat Aussicht auf ein rüstiges, lichtvolles Alter.

Bei der Betrachtung der Geburt sahen wir den Beginn der Körperstreckung am Kopfe; in der Todesstreckung des ganzen Leibes findet diese Geste ihre Vollendung. Erfolgt das Ende aus voller Kraft, etwa im Kriege, so kann man noch ein Maximum an Gliederstreckung erleben: Der tödlich Getroffene „wirft die Arme in die Luft". Die Gebärde der höchsten Begeisterung ist der denkbar größte Gegensatz zur vorgeburtlichen Mut-Ballung. Zwischen beiden entfächert sich das breite Band der Aktivitäten in Leib, Seele und Geist. Jede Beugung knüpft an die Ursprungskraft an, jede Streckung nimmt das Ende voraus. Daß Geistbetätigung auch zu jeder Bewegung hinzugehört, ist freilich noch nicht denküblich. Das ganze Elend unseres Bewegungssumpfes mit vielen allgemein verbreiteten Krankheiten hängt damit zusammen. Denn wie die leibliche Bewegung ohne die rhythmische Belebung unvollständig ist und erkranken muß, so braucht der Rhythmus die Durchlichtung von oben.

Die Zusammenfassung der drei Stufen: *Glieder und Rumpf* haben große und kräftige Muskeln, die im *Leibesumkreis* wirken können. Dagegen sind die *Stimm-Muskeln* des Kehlkopfes winzig, ihre Auswirkung geht aber in einen viel *größeren Umkreis*, vielhundertmal weiter. Für das *Bewußtsein* gibt es überhaupt keine Muskeln oder Gelenke mehr, der Wirkungsradius geht nicht nur im Raum, sondern auch in der Zeit *über alle Grenzen*; das Unendliche ist sein Ziel. – Wie das Sprachleben im zweiten Lebensjahr beginnt und sich im zweiten Jahrsiebt (Schule) tiefer hineinarbeitet, so beginnen die ersten Denkbewegungen im dritten Jahr, ihr Eindringen im dritten Jahrsiebt. Wie sich das Sprechen aus der Körperbewegung durch Verfeinerung herausdifferenziert, so löst sich das Denken aus der Sprache heraus. Ein etwa sechsjähriger Junge erlebte diesen Moment, als seine Mutter vor dem Abendgebet ans Telefon gerufen wurde und ihm sagte: „Du kannst schon alleine beten." Als sie zurückkehrte, stellte er erstaunt fest: „Hör mal, Mutter, ich kann denken, ohne zu sprechen!" Ist so das Denken einmal mit der Sprache verbunden, dann wieder von ihr gelöst tätig, so kann es auch auf die Bewegung einwirken. Ein langer Weg wird dem ermüdenden Kind erleichtert, wenn die Mutter eine Geschichte erzählt; ist sie nicht lang genug, so wird es wieder müde. Auch dem Erwachsenen schwindet alle Erschöpfung, wenn ein neuer Gedanke, eine Erfindung vielleicht, ihn „beflügelt". Aber einseitige Kopfanstrengung kann auch räuberisch in die Glieder wirken: nach einer anstrengenden Autofahrt, besonders nachts, muß man beim Aussteigen „seine Knochen mühsam wieder zusammenlesen". Ähnlich erzeugt langes Fernsehen bei Kindern die „Fernsehbeine", die schwach und nicht ausgewachsen sind. Wenn durch eine Gehirnkrankheit, z. B. Encephalitis, kein Denken entwickelt wird, ist meistens der Kopf nicht aufgerichtet, als fehle ihm die Richtung nach oben; die Bewegungen sind oft bizarr und ungeschickt, lassen sich auch nur wenig beschleunigen.

Gerade diese lustlos-tranige Zähflüssigkeit des Bewegungsablaufs, ohne Spannung und Höhepunkt, treffen wir wieder beim Sklaven alter und neuer Zeit, solange er nur fremde, ungeliebte Impulse durchführt. Mancher hat die dahinschlurfenden Arbeitskolonnen der Kriegsgefangenen erlebt, die kaum auf die Schläge des Wächters reagieren. Aber laßt ihn seine Kippe in den Graben werfen: blitzartig hechten mehrere Mann danach! Gleich danach werden sie wieder schleichen . . .

Denken ist nur dann gesund, wenn es sich *ganz* mit seinem Gegenstand verbinden kann; „ganz" heißt im Sinne unserer Ausführungen: die Willenskräfte der Gliedmaßen und die Herzkräfte der menschlichen Mitte müssen sich mit ihm vereinigt haben. Diese Freiheit gibt Lebenssicherheit in allen Schicksalen.

Ohne klares Denken ist jeder Heilungsprozeß sehr erschwert. Solche Menschen schwanken von einer Methode zur nächsten, von einem Arzt zum andern und kommen zu keiner Stetigkeit. Es ist, als irrten sie im Dunkeln, im Nebel. Wenn es nicht gelingt, ihren schwachen Kräften entsprechende Leitgedanken anzuzünden, werden sie kein Ziel erreichen. Der Therapeut muß also bei ihnen ein besonders findiger Vor-Denker sein, sonst kommen seine besten Heilmittel nicht zum Zuge. Schwierigkeiten und widrige Umstände dürfen ihn nicht beeindrucken. Michael Bauer läßt einmal eine kleine Kerzenflamme angesichts eines großen Waldes sprechen: „Ich habe Mut, ihn anzuzünden!" „Zündendes Denken" kann selbst dunkelste Schicksale von innen her verwandeln. Ein römischer Philosoph, Boethius, war Günstling Theoderichs; durch Intrigen kam er in den Kerker. Erst dort konnte er vor seiner Hinrichtung sein Hauptwerk „Trost der Philosophie" schreiben. Das Menschengehirn, in dem das Denken sich spiegelt, ist selbst schon im Kerker des knöchernen Hauptes; da heraus gelingt der Ausbruch in die Freiheit des Unendlichen.

Solche an der Bewegungsentwicklung gewonnenen Erkenntnisse seien mit einigen Beispielen aus unserer Zeit belegt. – Da ist eine typische Fehlentwicklung: der Manager. Seine Glieder bewegt er so wenig wie möglich, dafür gibt's Auto, Lift, Flugzeug, also lauter passive Fortbewegung. Diese bringt erfahrungsgemäß Schäden für Herz und Kreislauf; er wird also eines Tages vom Arzt unter anderem auch Bewegung verordnet bekommen. Die macht er dann mehr oder weniger getreu, wie man eine bittere Pille einnimmt – also ohne tiefere Heilwirkung. Seine menschlichen Beziehungen – aus der rhythmischen Mitte kommend und sich im Sprachlichen manifestierend – sind ebenso aufs Zweckmäßige des „Erfolgs" reduziert wie sein zwar bewegliches, aber sehr einseitiges Denkleben. So können die beiden höheren Bewegungsformen nicht helfend eingreifen. Es bleibt nur der Ausweg in die Krankheit, damit das Menschenbild unter allen Umständen gewahrt bleibt; häufig ist es der Herzinfarkt.

An seiner Seite hat er die Sekretärin und das Tippfräulein. Beide müssen so einseitig sein wie ihr Herr, nur nach anderer Richtung. Im Denken sind sie noch eingeengter, besonders die Schreibkraft muß weitgehend ohne eigenes Miterleben die Gedanken der andern durch ihre Finger in die Maschine fließen lassen. Diese Bewegungen sind zwar technisch sehr vervollkommnet, aber das scheint die Wirkung nur zu verschlimmern. Der ganze Schultergürtel, zu einem Maschinenteil degradiert, rebelliert nach einiger Zeit mit „rheumatisch-neuralgischen" Beschwerden des Schulter-Arm-Syndroms. Daß die aufbauenden Kräfte des unteren Organismus sich von solchen Lebensaufgaben nicht angesprochen fühlen und dann in Entartung und Krankheit gedrängt werden, ist klar.

An anderer Stelle des sozialen Aufbaus treffen wir den Fließbandarbeiter. Ist er nicht ein Nachfahre des antiken Sklaven, der die Impulse seines Herrn in ungeliebte Bewegungen umzusetzen hatte? Heute sind seine Gliedmaßen in ein raffiniert ausgedachtes Maschinen-Mensch-System eingeplant, in dem sie sehr einfach erscheinende, aber gerade darin nicht menschengemäße Aufgaben zu erfüllen haben. Denken und menschliche Mitte sind dabei überhaupt nicht gefragt. Die Folgen für körperliche und seelische Gesundheit sind so verheerend, daß ernsthaft versucht wird (z. B. bei Volvo in Schweden), die Arbeitsgruppen wieder so anzuordnen, daß der einzelne wenigstens einen Teil der Fabrikation im Tun überschaut; dabei wird sowohl sein Denken als auch die kameradschaftliche Zusammenwirkung gefordert.

Durch alle Schichten der Bevölkerung hindurch geht heute die Tätigkeit des Maschinisten. Nicht nur in den Fabriken, sondern auch im neuzeitlichen Handwerk (Schreiner, Schlosser . . .) ist ja die Maschine immer mehr im Vormarsch; und auch der Arzt z. B. ist mindestens beim Autofahren ihr Diener. Und das bedeutet: ständig höchste Verantwortung und Bereitschaft bei oft langen Leerpausen. Man denke an den Taxichauffeur, der aus der Wartezeit in höchste Aktivität schießen muß. Die minimalen Schaltbewegungen sind ebenso abstrakt wie uninteressant, können das Vakuum nicht füllen. Wir treffen diesen Rhythmus, besser gesagt: diese Arrhythmie dann außerberuflich wieder als den Wechsel zwischen Sensation und Langeweile, die sich gegenseitig bedingen. Für die nachklingenden Spannungen in den Pausen bieten sich „Prothesen“ an wie Zigaretten, Radio usw., die zwar das Problem nicht lösen, aber im Augenblick zudecken.

Die größten rhythmischen Spannungen ergeben sich in den Verkehrsberufen, am deutlichsten heute in der Luftfahrt. Besonders die Flugbesatzung, vom Piloten bis zur Stewardeß, hat bei allem Komfort große Entbehrungen, die sich bei ost-westlichen Flügen mit ihren Tag-Nacht-Verschiebungen geradezu mörderisch auf den Eigenrhythmus auswirken. Eine eigene Luftfahrt-Pathologie weiß davon zu berichten, wie z. B. der weibliche Rhythmus verzerrt wird.

Da heute fast jeder Mensch von den „Segnungen“ unserer Zivilisation betroffen wird, gehen diese Schicksale uns alle an. Eine erste Hilfe und darauf später hoffentlich auch eine grundsätzliche Änderung kann nun für alle gefunden werden aus der paradiesischen Dreifaltigkeit der Bewegung, die sich freilich in Worten nur andeuten läßt, die nur im Status nascendi des eigenen Tuns voll erfaßt werden kann.

Zu den überkommenen Bewegungsübungen wie Wandern, Schwimmen, Ballspiele (wobei der Fußball wegen der Überbetonung des unteren Menschen als Heilmittel ausscheidet), Gymnastik tritt die neue Bewegungskunst der Eurythmie, für die Therapie als hygienische und Heileurythmie abgewandelt. Sie ist so vielseitig, daß sie für jeden Menschen, selbst den bettlägerigen, ja gelähmten, anwendbar ist; in jedem Alter und ohne Voraussetzung. Der Gelähmte, der Säugling können allein durch das Anschauen dieser Heilbewegungen so gefördert werden, daß die eintretende Besserung Weiteres ermöglicht. Durch ihre innere Verbindung mit Sprache und Musik leitet sie schon zu der großen Reihe künstlerischer Therapien über, die alle den rhythmischen Menschen heilen und pflegen. Das Ganze aber ist durchdrungen von großen Heil-Gedanken, die Klarheit und Stetigkeit geben.

Wie sieht das in der Praxis für die obengenannten Fälle aus? – Der Manager wird leider selten für eine vorbeugende und ausgleichende Behandlung zu haben sein; anders sieht das schon nach dem ersten Zusammenbruch (etwa Herzinfarkt) aus. Vielleicht findet er sich im Sanatorium erstmalig der Kunst-Therapeutin, der Eurythmistin gegenüber, fängt mit Herzklopfen oder Verlegenheit seine ersten Übungen an – und entdeckt nach einiger Zeit, daß er das *braucht*! Nach teilweiser oder gar völliger Wiederherstellung gibt es die verschiedenen Möglichkeiten, das Erübte daheim ausreichend oder ungenügend fortzusetzen; notfalls sorgt der Rückfall für die Korrektur.

Die Stenotypistin kann ebenso vor oder nach ihrer Erkrankung eine ausgleichende Therapie finden. Ideal wäre erst eine einführende Heileurythmie von einigen Wochen, die dann in der Gruppeneurythmie mit ihrem erfrischenden Gemeinschaftserleben fortgesetzt werden könnte. Wer erst einmal Geschmack daran gefunden hat, behält sie als bleibende liebe Gewohnheit gern bei.

Manche fortschrittlichen Firmen haben als dauernde Einrichtung eine Lehrkraft z. B. für Werkeurythmie angestellt, die in der Arbeitszeit, natürlich freiwillig, allen zur Verfügung steht. So könnte auch dem Fließbandarbeiter ein solcher Ausgleich angeboten werden, der ihm das Gefühl der Menschenwürde und der Befriedigung geben kann. Wieviel menschlicher Leerlauf, aber auch wieviel Protest und Anarchie könnte dadurch abgefangen werden!

Hiermit wurde eine Beschreibung der dreifachen Wesenheit „Bewegung" versucht, die eine innere Unendlichkeit darstellt. Während jedes Teilstück, z. B. die leibliche Bewegung oder die abstrakt-intellektuelle Betätigung allein, entsetzlich langweilig und aushöhlend ist, stellt die Ganzheit ein so unüberschaubar großes und abwechslungsreiches Hochgebirge dar, daß das Menschenleben nicht ausreicht, es in seiner Fülle zu durchmessen. So kann man es auch nicht ausreichend in Worten darstellen, der Versuch bleibt ein Stammeln. Aber wer mit Ausdauer die Wege zu gehen versucht, kann an diesem Kosmos teilhaben.

Die Pflanze hat außer dem Wachstum nur geringe Vorstufen der Bewegung. Das Tier hat zwar Bewegung, aber sie ist nicht frei, sondern instinktgebunden oder von äußeren Faktoren erzwungen. Nur der Mensch kann zur wirklich aus innerer Entscheidung strömenden und damit freien Bewegung heranwachsen. Dies Vorrecht vor der ganzen Schöpfung bedingt die Notwendigkeit, alle unfreien Bewegungen durch Krankheit auszumerzen, damit das reine Urbild in vielen Schritten hervortreten kann.

[1] Vgl. „Die Drei" Nr. 6/1972, H. Müller-Wiedemann, „Embryologie der Sprache".

[2] H. Müller-Wiedemann in „Die Drei" Nr. 6/1972.

Sensibles Zusammenspiel im Bewegungsorganismus

Das menschliche Bewegungsleben ist in Gefahr. Früher wurde es lebendig erhalten durch Notwendigkeiten körperlicher Anstrengung, die ihm heute durch Maschinen abgenommen werden. Aber brachliegende Kräfte verwandeln sich in Stoffwechselgifte, die in Muskeln und Gelenken lähmend sich ablagern.

Wie kann man helfen? Eine klare Erkenntnis der Zusammenhänge ist der erste Schritt. Der Bewegungsorganismus setzt sich aus vier Elementen zusammen. Zunächst ein Bewegendes: der Muskel; ein Bewegtes: der Knochen. Der Muskel ist meist an zwei Endpunkten in Knochen verwurzelt, zwischen denen ein Gelenk die Bewegung ermöglicht. Weiter braucht der Muskel viel Blut: wunderbar aufgegliederte Gefäßbäume bringen und holen den Lebenssaft. Schließlich ist er genau so durchdrungen von Nervenbäumen für die wahrnehmende Kommunikation, die das harmonische Zusammenwirken bringt.

In Gliedmaßen und Rumpf hat diese ,,Skelett-Muskulatur" ihren Schwerpunkt. Zentrum ist die Wirbelsäule, aus etwa 30 Wirbeln – soviel wie die Tage im Monat – aufgebaut, die alle durch Gelenke mit dazwischenliegenden Knorpel-Polstern, den ,,Bandscheiben" abgefedert sind. Nach unten überwiegt hier das Lasten so sehr, daß um das 25. Jahr die fünf Wirbel des Kreuzbeins zu einem Basisknochen verschmelzen; nach oben nimmt die Beweglichkeit ständig zu, um beim ,,Atlas" schließlich ihren Höhepunkt zu erreichen. Hunderte von Muskeln umhüllen diese Säule: die kleinsten verbinden einen Wirbel direkt mit dem Nachbarn, darüber liegen längere, die ein, zwei und mehr Gelenke überspringen, bis zuletzt die großen Rückenstrecker von oben bis unten reichen.

Ganz oben aber, auf dem höchsten der sieben Halswirbel (auch die Giraffe hat nur sieben, aber ebenso die Zwergmaus!), thront das Haupt, das schon die Griechen mit dem Himmelsgewölbe verglichen haben. In dieser einsamen Gipfelhöhe erlischt das Muskelsein,

– aber hier entspringt auch – wie Athena aus dem Haupt des Zeus – die größte und beweglichste Bewegung: das Denken, das alle Grenzen von Raum und Zeit überspringen kann.

Zwischen den Gegensätzen dieser himmlischen und der irdischen Bewegung vermittelt die Atem-, Sing- und Sprachbewegung, die zwar Muskeln hat, die aber in ihrem Zentrum, dem Wundergebilde des Kehlkopfes, damit keinen Knochen, sondern den weicheren Knorpel bedient. Wie ein Edelstein ist so der zierliche Sprachorganismus in die Welt der großen Muskeln eingefügt, wirkt und lebt in ihnen, anfeuernd, erfrischend. Aber noch intimer west in der Sprache das Denken, Urquell aller Bewegung.

Auf dem Zusammenspiel dieser drei so verschiedenen Sphären beruht Gesundheit und Glück des Menschen. Das wollen wir nun genauer betrachten.

Wird bei einer Tätigkeit das Denken ausgeschaltet, so sinkt sie zur sinnlosen Sklavenarbeit herab. Eine heutige Form, die Fließbandarbeit, wird schon vielfach wieder durch sinnvollere Gruppenarbeit abgelöst, weil es auf die Dauer unrentabel ist, das Bewußtsein verstumpfen und damit vergiften zu lassen.

Ist dagegen der leibliche Anteil beim Denken zu gering, so verliert es seine Realität, Aktualität, wird zum blassen Gedankenspiel. Viele Kinder erleben die Schule als lebensfremden Intellektualismus. Gerade hier müßte der Heranwachsende so geführt werden, daß er die Leibesbewegung harmonisch in die feineren Innentätigkeiten verwandeln lernt. Auch das abstrakte Denken kann blutvoll und erdkräftig durchdrungen sein, wenn diese Überleitung geglückt ist.

Kann nun auch das Mittelglied, die Sprachbewegung erkranken? Oh ja, sie wird zur Phrase, zur Lüge, wenn sie von ihren „Mitarbeitern“ getrennt wird. Dabei neigt der gestikulierende Südländer mehr zum leeren Wortgeklingel, der „abstraktere“ Mensch des Nordens zur kalten Verstellung.

Nach diesen Einseitigkeiten wollen wir jetzt andere Formen der Bewegung aufführen, die gerade durch fruchtbares Zusammenwirken wieder heilsam sind. Was fasziniert uns so an der Pantomime? Zwar scheint hier die Sprachbewegung unterdrückt – aber desto deutlicher „sprechen“ die Gliedmaßen, und eben diese Verschiebung macht den Reiz aus. – Bei der Musik, aus der Sprach- und Singmitte stammend, scheinen die beiden Nachbarglieder zu fehlen, aber auch hier macht dieser „Mangel“ den entscheidenden Reiz aus: Gedankliches kann in den Tönen, wenn auch in anderer Weise als in Worten, ausgedrückt werden; andererseits zeigen die vielen Arten von Tanzkompositionen, daß Körperbewegung darin enthalten ist, daß sie förmlich „in die Füße fahren“. Und der Tanz selbst? Ist er nicht nur eine Form von Musik durch die Glieder und damit auch wieder das Ganze! Am umfassendsten aber kann die Schauspielkunst alle drei Bewegungsformen zum Sprechen bringen, in der Oper gar noch tiefer mit der Musik verbunden.

So ist es kein Wunder, daß all diese Künste sowohl beim sogenannten Primitiven wie in den Hochkulturen an höchster Stelle stehen. Aber sie haben die eingangs genannte Vergiftung und Lähmung noch nicht abgewandelt, haben unsere Zivilisation nicht verwandelt. Auch die Erkenntnis allein kann dies nicht tun, ist nur ein erster Schritt. Es muß ein von Grund auf erneuertes Tun hinzukommen!

Wie unsere Zeit auf allen Gebieten ungeahnte Möglichkeiten eröffnet hat, damit auch viele Gefahren für die Harmonie und Gesundheit des Menschen, so sind uns auch Wege der Heilung erschlossen, den Bewegungsorganismus mit neuem strömendem Leben zu erfüllen.

Der unbekannte Muskelmensch – ein Hinweis auf das Karma

Eigentlich möchte man sie lieber Fischlein nennen, wenn sie nicht schon Muskeln hießen; denn sie wollen zwar springlebendig wie Mäuschen (Lateinisch: mus = Maus) sein, aber sie bewegen sich in strömender Gemeinsamkeit, nicht unähnlich jenen im Wasser ziehenden Schwärmen, denen Auge und Seele so gern folgen. Auf und ab, hin und her, wie von geheimer Macht geleitet, trennbar und doch nie allein. Zwar sind die Einzelgestalten der ganz im Flüssigen wirkenden Muskeln dem Anatomen und Physiologen längst bekannt, aber analytische Zerschneidekunst und daran entwickeltes Denken können keinen Weg zum umfassenden Sinn finden. Hier soll versucht werden, seine Richtung anzudeuten; aus lebenslanger Arbeit am Muskelwesen ergab sich in schrittweiser Entwicklung eine Stufenfolge: von der *schweigenden Anonymität* zu einer *sprechenden und denkenden Wesenheit*. Es ist ein langer Weg durch Raum, Zeit und Biographie.

Als Ausgangspunkt seien zunächst bekannte Tatsachen so aufgeführt, daß das Neue sich daraus ablesen läßt. Substantiell besteht der Muskel zu ³/₄ aus Flüssigkeit; er ähnelt darin sehr dem Blut. Auch in der weiteren anteiligen Zusammensetzung zeigt sich die große Verwandtschaft der beiden Arbeitsgenossen; man könnte den Muskel geradezu als *geformtes Blut* auffassen. Freilich ist diese „Form" nicht fest, wie etwa beim Knochen, sondern in ständiger Metamorphose: Von der Kugeltendenz des maximal gespannten Muskels bis zur Linie im Dehnungszustand durchläuft er ein kontinuierliches Bündel fließender Gestalten. Tätigkeit ruft mehr Blut herein, der Muskel quillt auf; Ruhe entläßt es weitgehend. Erst diese Gesamtheit ergibt die wirkliche „Form". Wenn man versucht, sich diese ganze Gestaltenreihe in einem dynamischen *Zugleich* vorzustellen, steht man am Eingang dieses geheimnisvollen Reiches, das keine Ruhe und Starre kennen sollte.

Bei der Aktion zeigt sich, daß ein Muskel nie allein tätig ist, daß zumindest sein Gegenspieler (Antagonist) mitmischt. Mit steigender Geschicklichkeit kann dieser zwar immer mehr, aber nie ganz ausgeschaltet werden. Der Virtuose, Artist, Sportler übt so lange dieses Ausschalten der „unnötigen“ Mitbewegungen, bis die beabsichtigte immer unverhüllter zutage tritt. Andere Praktiken, etwa der nordischen Berserker, strebten dies durch rauschhafte Begeisterung an und ließen so außergewöhnliche Leistungen entstehen. Bei der gewöhnlichen Bewegung werden aber weitgehend größere Gebiete von dem Geschehen erfaßt; letzten Endes wird der ganze „Muskelmensch“ davon durchwellt, durchzittert, durchlebt, wie das z. B. die Messung der elektrischen Muskelströme zeigen kann. Man müßte das Gesetz der „kommunizierenden Röhren“ in unendlicher Vielfalt anwenden, um diese Gleichzeitigkeit und -sinnigkeit zu erfassen. Wenn man bedenkt, daß immer der Ausgangspunkt der Bewegung aufs Ganze und dieses wieder auf den Anfang zurückwirkt, so überschreitet das jede eingleisige Vorstellung und ist zunächst nur einem künstlerischen Ahnen zugänglich.

Ungeachtet dieser grundsätzlichen Einheitlichkeit lassen sich aber doch deutliche Gliederungen finden. Wenn man gemeinhin von Muskeln spricht, denkt man meistens nur an jene „Fronttruppe“, die durch Knochen und Gelenke die Glieder und die ganze Gestalt durch den äußeren Raum bewegen kann. Physikalisch berechenbare Erdendynamik ist hier am Werk. Ihr gegenüber waltet im Inneren, dem Tagesbewußtsein entrückt, die unabsehbare Fülle der „glatten“ Muskeln; sie bewegen die Eingeweide, z. B. den Darm, wirken in vielen Organen, besonders in den Blutgefäßen. In diesem Nachtreich herrschen die Gesetzmäßigkeiten des Chemismus, der Organkräfte vor (Planeteneinflüsse). So schaffen sie die Vorbedingung für alles Außenwirken. Die beiden Muskelarten unterscheiden sich deutlich in Form und Feinstruktur: während der Skelettmuskel strenge Parallelfaserung mit Querstreifung zeigt, sind die viel kürzeren glatten oft netzförmig angeordnet.

Der Herzmuskel aber vereinigt diese Gegensätze! Seine Fasern sind netzförmig verwoben und doch gleichzeitig quergestreift. Weist das nicht auf die einzigartige Mittelstellung des Herzens zwischen Außen und Innen, zwischen Tag- und Nachtmensch, bewußt und unbewußt, oben und unten? Zugleich bedeutet es souveräne Selbständigkeit gegenüber all diesen vermittelten Bereichen, die nur mit großer Sinneswachheit (das Herz als Sinnesorgan!) aufrechterhalten werden kann. Von außen branden Wünsche, Absichten, Zielsetzungen, ,,Termine" und Zwänge heran, die ständig vom inneren Haushälter gemäß den Gesetzen und Möglichkeiten der ganzen Biographie ,,intelligent" aufeinander abgestimmt werden müssen. Wird das Herz aber von außen oder innen – bewußt oder unbewußt – überwältigt, so entsteht Krankheit, bis zum Zerreißen im Infarktgeschehen.

Das innere Nachtreich der unbewußten Organe wird vom pflanzenähnlichen ,,vegetativen" Nervensystem versorgt und umhüllt und ist dadurch aller menschlichen Willkür entzogen. Nur bei Insuffizienz dieses Schutzmantels dringen Disharmonien von außen herein, oder formlose Fetzen des Inneren, meist als Mißempfindungen, nach außen. In dem geballten Geschehen der Kolik kann man ahnen, welche Gewalten beim Gesunden in den Tiefen der Leiblichkeit friedlich wirken. Wenn man vor allem diese glatten Muskeln als besonders fischähnlich erleben kann, dann weist das Kolikdrama auf ein Meeresungeheuer.

Das zur ,,willkürlichen" Skelettmuskulatur gehörende ,,spinale" Nervensystem[1] nimmt die Gliederbewegung wahr, vermittelt dies Geschehen dem Bewußtsein, indem der Eigenbewegungssinn von innen die Lage des Körpers jeweils erfühlt. Nur bei Störungen dieses Sinnes braucht man Auge oder Tastsinn, um sekundär von außen zu kontrollieren. Über diese Brücke von Nerv und Sinn sind Muskeln und Außenwelt verbunden, besonders zwanghaft über das Gleichgewichtssystem. Leise schwankender Untergrund (Schiff) induziert Gegenbewegungen, die bei geringen Ausschlägen noch unbewußt erfolgen; größere werden zwar wahrgenommen, aber auch noch unterschwellig kompensiert. In einem Zwischenreich von teilweiser Wahrnehmung und vegetativ gestörter Reaktion entstehen die quälenden Zustände von See-, Fahr- und Luftkrankheit, die jene Verbindung von Außenwelt und Innenreich krankhaft deutlich machen. Bei stärkerem Schwindel schließlich kann völlige Bewegungssperre, mit tödlicher Angst gepaart, auftreten.

Die beiden Gebiete in einem Schema zusammengefaßt:

Nach außen:	Quergestr. Muskeln	– bewegen Knochen	– Physik	– Spin. Nerven
	Herz = Mitte			
Nach innen:	Glatte Muskeln	– bewegen Eingeweide	– Chemie	– Vegetat. Nerven

Nach dem Postulieren einer umfassenden Einheitlichkeit, nach dem Betrachten der Polarität von Außen und Innen, führt der Gang der Betrachtung auf der Bewußtseinsseite aus dem physikalischen Raum der Skelettmuskeln zu zwei höheren Gebieten der Mitteilung. Auch dort gibt es quergestreifte Muskeln; sie haben aber völlig andere Aufgaben und Möglichkeiten, die selbständig der raumgreifenden Gliederbewegung gegenüberstehen.

Eine Vorstufe des knöchernen Skeletts ist der Knorpel. Das Wunderorgan des Kehlkopfes bleibt lebenslang auf dieser plastischeren Stufe stehen, samt dem benachbarten Zungenbein und der Luftröhre. Hier wird der Sprach- und Gesangstrom geboren und geformt durch die diffizilste, intimste Muskelleistung, die sich nur noch mit jener an Auge und Ohr vergleichen läßt. Im bildsamsten Element, der Luft, gewahren wir hier eine neue Kategorie der Bewegung, eine höhere Metamorphose zu dem Geschehen im Außenraum. Hier ist Seelenraum mit seinen andersartigen Gesetzen, der den Außenraum aber innig durchdringen soll.

Der urtümliche Mensch hat noch eine Wahrnehmung von dem Zusammenspiel der beiden: zur groben Arbeit muß der Vorsänger den Impuls geben. In Eisenwerken Südafrikas, im Bereich moderner Technik also, beginnen die farbigen Schwerarbeiter nicht eher, als bis er das Zeichen gibt, oder tiefschürfender ausgedrückt: den inneren Strom dazu singt. Als ein Besucher fragt, wieso er „ohne Arbeit“ den gleichen Lohn habe, sagen sie rundheraus: Ohne ihn können wir aber nicht arbeiten. Er muß ihnen die fremde Zweckwelt in ihre fast kindliche Spielsphäre übersetzen und dadurch erst erträglich machen.

Uns ist dieser Zusammenhang weitgehend verlorengegangen, aus einer paradiesischen Einheit sind zwei Bruchstücke geworden, deren jedes in seiner Einseitigkeit kränkend wirkt. Müßte nicht z. B.

auch bei uns der Industriearbeiter neue Wege suchen, um sein Tun menschlich zu gestalten? Ein erneutes therapeutisches Zusammenführen von Spielwelt und Zweckwelt wird für beide Gebiete heilsam werden.

Schließlich gibt es im menschlichen Antlitz die mimischen Muskeln. In feinster Auffaserung beginnen und enden sie – in der Haut. Bei den großen Säugern, etwa dem Pferd, erstrecken sich solche Hautmuskeln über große Teile des Rumpfes, beim Menschen sind sie fast nur auf Kopf und Hals beschränkt und dienen als Spiegel der feinsten Seelenregungen. Für das Tier aber sind sie Helfer gegen die Insekten, denn jeder Teil kann in zitternde Bewegung versetzt werden. Hier Abwehr gegen Quälgeister auf der Weide – bei uns aber intime Seelenkommunikation, Begleiter der Rede oder für sich schon vollgültige Mitteilung (Pantomime). Das Mienenspiel ist etwas so ausgesprochen Menschliches, daß sein Fehlen – das „Maskengesicht“ bei Nervenkrankheiten oder als gewollter negativer Ausdruck – erschütternd wirkt, besonders auf Kinder.

Daß diese „Seelenmuskeln“ zum obersten Bereich gehören, zeigt ihre Zuordnung zu den zwölf Hirnnerven. In die gleiche Kategorie gehören auch die feinen winzigen Müskelchen in Auge und Ohr. Die untersten dieser Hirnnerven sind der Verbindung zum Rumpf gewidmet: z. B. durch den Kapuzen- oder Trapezmuskel. Etwas weiter oben sind die Nerven für ein einzigartiges Muskelgebilde, das alle Einteilungen übergreift: die Zunge. Sie ist Gliedmaße, denn sie setzt am Zungenbeinknorpel an (aber nur am einen Ende) und ist der unermüdlich-allseitige Handwerker des Mundes. Als Sprachorgan ist sie ebenso unersetzlicher Dirigent aller Lautgestalten. Schließlich ist sie auch bei der Mimik beteiligt, manchmal zu grob wie beim Herausstrecken. Die Schlange züngelt zum Wahrnehmen. Bei retardierten Kindern kann man es erleben, daß sie auf einen neuen Menschen mit fast geschlossenen Augen, aber heraushängender Zunge zugehen, als wollten sie ihn schmecken (wie das Kleinkind). Die hohe Bedeutung der Zunge im ganzen Bewegungsleben zeigt sich klar in dem unerwartet großen Rindenfeld (zugehöriger Teil der Hirnrinde), das größer ist als für ein ganzes Bein. (So ist bei der Hand das Feld für den Daumen größer als für die restlichen vier Finger zusammen.) Da bei der Zunge Sprachliches und Gliedmaßenhaftes untrennbar durchdrungen sind, bietet sie das so selten gewordene Bild fast unerschöpflicher Leistungsfähigkeit und Gesundheit. So könnte jeder Muskel sein!

Diese drei Gruppen: Skelettmuskeln für die Bewegung im Raume, Sprachmuskulatur für die Hinwendung zum anderen Menschen und schließlich die vergeistigten Ausdrucksbildner ganz oben, nennt man wohl „willkürlich“. Das sind sie aber nur potentiell; man müßte vielseitiger Artist, Sprach-, Sanges- und mimischer Künstler sein, um diese Bezeichnung zu rechtfertigen. Im ersten, im räumlichen Bereich wird der Mensch von der Tierwelt immer teilweise übertroffen (Eichhorn, Fisch, Vogel); im zweiten noch einseitig von den Sing- und Spottvögeln; im dritten haben die Tiere die Aktivität der Mimik vorwiegend in die Abwehr verwandelt: Zähnefletschen, Imponieren.

Auch in der räumlichen Anordnung ergeben sich bezeichnende Unterschiede. Bei uns endet das Reich der Muskeln in Stirnhöhe. Der Gorilla, dieser Muskelprotz, braucht den ganzen oberen Kopf für seine mächtigen Kaumuskeln, muß sogar noch eine sagittale Knochenleiste aufbauen für ihren Ansatz (der Orang hat das nicht, bleibt oben viel menschenähnlicher). Das ist genau die Stelle, an der das kleine Kind mit der *Fontanelle* noch lange offen bleibt, als wollte hier die Verbindung zu einer oberen Welt nur allmählich abklingen. Es ist auch die Stelle, an der die Tonsur des Geistlichen liegt. Die abgrundtiefe Trauer im Blick des Tieres sagt uns etwa: „Abgeschnitten bin ich von den oberen Welten, ganz untergetaucht in Stoffwechsel- und Blutgewalten . . .“

Soweit eine *räumliche* Übersicht über die Muskeln: große Gliedbeweger, stumme Helfer im Inneren, verfeinerte Luftgestalter und schließlich die Seelen-Geist-Sprecher im Antlitz. Die Unzulänglichkeit des intellektuellen Vorstellens zwingt dazu, derartig nach- und nebeneinander anzuschauen. Der Wirklichkeit näher bringt eine erlebnisbereite Vertiefung in die gemeinsame Gleichzeitigkeit aller dieser Einzelteile. Dazu führt eine ganz andere, *zeitliche* Betrachtung.

Wie treten im Laufe des Lebens diese verschiedenen Gruppen ins

Dasein? Die Skelettmuskulatur beginnt schon im ersten Drittel der Embryonalzeit ihre oft recht kräftigen „Kindsbewegungen", also in tiefer Bewußtseinsnacht. Auch die ersten Lautgebungen, mit dem Schrei bei der Geburt beginnend, sind so unbewußt wie ein Murmeln im Schlaf. Die „erste Lallperiode" bereitet nur das Instrument, indem der kleine „Weltbürger" alle Möglichkeiten durchexerziert, von innen herausstößt. Nach einer stummen Pause folgt im zweiten Lallen die erwachende Seele nachahmend den Lauten der Umgebung und schafft damit an den Vorstufen der spezialisierten Sprache: aus dem Kosmopoliten wird ein Volksangehöriger. Der erste Weg geht vom Ego zur Aufmerksamkeit. Der Verlust an Weite gibt den Einstieg ins „Jetzt und Hier". Die erste Einengung der angeborenen Fülle wird sich noch oft wiederholen. Schule und Beruf verlangen weitere Verzichte und geben damit den Ansporn zur Kultur.

Den gleichen Duktus – von „egoistischem" Solipsismus zur Aufmerksamkeit auf die Umwelt – findet man bei der Entwicklung der Glieder. Der Säugling stößt mit „allen vieren" strampelnd nach außen (erstes Lallen), ehe er, erst mit den Augen („Fixieren"), dann den Händen und schließlich den Füßen etwas ergreifen lernt. Sobald die beiden Bewegungsströme – der eine in den Gliedern, der andere in der Lautgebung wirkend – aufgebaut sind, beginnt ihre gegenseitige Durchdringung, ein Vorgang von größter Bedeutung! Man kann ihn ablesen daran, wie der schwerfällige Watschelgang mit zunehmender Sprachleichtigkeit immer flüssiger wird – bis zu dem wichtigen biographischen Augenblick, wo die Beinchen die ganze Schwere überwinden können. Manche Kinder kommen glückstrahlend: „Schau mal, ich kann schon hüpfen!" Das erste Stehen und Schreiten war im unbewußten Sturm begeisterten Ergreifens untergegangen, aber dieser dritte Markstein kann oft bewußt erlebt werden. In zahllosen Hüpfspielen wird dieses Erleben ausgeweitet und unermüdlich gefeiert.

Warum endet dies kindliche Bewegungsparadies trotz verzweifelter Gegenwehr meist in der Erstarrung? Viele Antworten sind möglich; eine wichtige: Es fehlt unserer Zeit an der Sprachkultur! Wie intensiv hatte die Antike die Redekunst gepflegt! Die ersten

Olympiaden waren ganz dem Musischen gewidmet. Von den sieben „freien Künsten" des Mittelalters waren Grammatica, Dialectica und Rhetorica auf die Pflege der Sprache gerichtet. Heute kann zunächst therapeutisch das sprachlich-rhythmische Element im Muskelwesen wiederbelebt werden. Wie beim hüpfenden Kind wird dadurch Schwere und Starre überwunden. Der einseitig steif gewordene Muskel wird wieder in eine atmende Lebendigkeit gehoben, als sei ein ertrunkener Scheintoter erwacht. Alle Stadien dieses Prozesses können genau beobachtet werden, besonders durch die tastend-massierende Hand. Es ist etwa so, als streichle man einmal ein ausgestopftes und dann ein lebendes Tier. Dies ist der erste Schritt zur Gesundung!

Doch es gibt noch den dritten, krönenden Schritt der Bewegungsentwicklung: Denken und Bewußtsein, in der mimischen und Sinnes-Muskulatur angedeutet, aber weit über sie hinausreichend. Hatten die Raummuskeln (Skelett) im ersten Lebensjahr das Greifen und Gehen erreicht, die Sprachmuskeln im zweiten Jahr die Wortgestaltung begonnen, so setzt sich diese Verfeinerung fort und zielt nach dem Gipfel menschlicher Entwicklung. Wie die Sprache durch eine Verinnerlichung aus dem ersten Bewegungsstrom entsteht, dann aber weiter darin lebt und wirkt, so wächst der Denkprozeß aus dem Sprechvorgang und bildet das Innerste des Ganzen. Erquickend wie eine Botschaft aus höherer Welt durchdringt und durchgeistigt er das Wort, das die Glieder beseelt.

Man kann den Beginn im ersten Lächeln des Säuglings erblicken, das freilich so unbewußt wie das Lallen, oft im Schlaf, doch wie der Vorbote künftigen Erwachens uns entzückt. Verspätung oder gar völliges Fehlen weist auf tiefe Störungen – seelisch und leiblich. Später wird sich das ganze Bewußtseinsleben mit allen Nuancen im Angesicht spiegeln, sofern kein Bruch zwischen Innen und Außen die Persönlichkeit spaltet. Gerade die ungestörte Zusammenarbeit und innerste Einheit aller drei Ströme läßt auf allen Gebieten Höchstleistungen entstehen und bedingt damit Gesundheit und Lebensglück. Die Trennung aber macht aus dem intellektualisierten Denken den „Widersacher der Seele"; die isolierte Sprache verzerrt sich zur Phrase, zur Lüge; die nicht genügend durchströmte Muskelbewegung wird leer, schal, uninteressant. Und damit beginnt eine weitreichende Pathologie.

Das ist nicht immer in seiner ganzen Tragweite so leicht zu durchschauen. Aber unter besonderen Lebensumständen kann plötzlich das Urphänomen unübersehbar zutage treten. Der blinde Franzose Jacques Lusseyran („Le monde commence aujourd'hui") berichtet aus dem KZ Buchenwald, wie er, angeregt durch einen Leidensgenossen, eines Tages die belebende Wirkung eines gesprochenen Gedichtes entdeckt. „Echte Poesie ist keine Literatur", sagt er. Wie ein Straßensänger stellt er sich hin und rezitiert, was er nur an Gedichten erinnern kann – und die anderen strömen hinzu, bleiben gebannt stehen, drängen sich immer näher an ihn . . . Unbekannte aus allen Sprachen und Nationen, schwingen mit im Rhythmus, wiederholen den Refrain, schlagen sich auf die Brust . . . Manche weinen. Nein, das war nicht „Literatur", sondern Nahrung, Heilmittel, „Bluttransfusion, Alkohol" . . . – Wer selbst Ähnliches erlebt hat, weiß, wie abgründig wahr diese Schilderung ist.

Diese Biographie des Muskelmenschen bleibt also nicht am Leiblichen, sondern umfaßt Seele und Geist; zeitlich müßte sie bis zum Lebensende geführt werden . . . Die Pathologie des Muskels zeigt sich als eine mit den Jahren zunehmende Erstarrung, die so allgemein verbreitet ist, daß sie oft gar nicht mehr ernst genommen wird. Erst der Vergleich mit noch natürlicher lebenden Völkern kann wieder den Maßstab setzen. Vor allem aber kann der Heilverlauf zeigen, daß die Muskulatur, selbst des alten Menschen, weitgehend wieder gesund werden kann: elastisch, weich durchtastbar bis in die Tiefe, vor allem aber frisch, beinahe unermüdlich wie das Blut. Auf der Kehrseite haben wir die Bewegungsunlust, Schmerzhemmung, Verfestigung bis zur knochenähnlichen Myogelose (Verhärtungsherde in den Muskeln). Der Blutprozeß ist hierbei zu schwach, die Temperatur sinkt besonders an den Krankheitsherden, aber meist auch an den Füßen, die dann statt 30° bis zu 10° weniger aufweisen (zwischen der 1. und 2. Zehe zu messen).

Von den vielen Beobachtungen seien nur zwei Polaritäten herausgegriffen: oben-unten und links-rechts. Die erste sagt: alle oberen Beschwerden sind unten heilbar – und umgekehrt. So reagieren

Kopfschmerzen gut auf Behandlung der Beine und Füße, bei Kindern kann schon ein Fußbad oder können ein paar Massagestriche genügen, dagegen braucht eine ausgewachsene Migräne zur Ausheilung oft viele Jahre Behandlung. Ein Gelenkschmerz am Knie oder Fuß wieder läßt sich am Genick – oft in Sekunden – beeinflussen. Bei genügender Ausdauer kann dieser Einfluß bis zur Ausheilung geführt werden. Zu diesem Gegensatz kombiniert sich die Links-Rechts-Beziehung, so daß sich die zwei Diagonalen linksunten-rechtsoben bzw. rechtsunten-linksoben ergeben. Im Verlauf der letzteren liegt das Herz, deshalb kann man sie die Herz-Diagonale nennen; die andere wäre dem Stoffwechsel zugeordnet.

Es hat sich nämlich gezeigt, daß der Muskelmensch engste Beziehungen zu allen anderen Organsystemen hat, die sowohl diagnostisch als auch therapeutisch verwertbar sind. Man kann also z. B. das Herz von der rechten Wade, Galle-Magen-Leber von der linken erreichen. Die volle Bedeutung dieser Grundsätze kann sich nur allmählich im heilenden Handeln erschließen. Einige wenige Erläuterungen sollen auf den Weg helfen. Der Zustand von Herz und Kreislauf ist im ganzen Verlauf der Herzströmung zu beobachten und zu behandeln. Ein Leiden am rechten Knie oder Fuß, auch Varizen (Krampfadern), erweckt sofort den Verdacht einer hinzugehörenden Herzstörung, auch Unter- oder Überdruck, und läßt sich kombiniert behandeln. Herzschmerzen können zunächst gut am linken Rücken gelindert werden, für die Ausheilung aber müssen das Bein und das Genick von Verhärtungen freigekämpft werden. So hatte ein kräftiger Mann viele Jahre unentwegt sein Herzweh, bis nach mehrjähriger Behandlung eines Tages eine Muskelhärte im linken Genick wie eine mürbe Eisdecke bei der Massage durchbrach und damit der Schmerz gebrochen war. – Eine Patientin mit leichteren Herzbeklemmungen berichtet über die angeratenen nächtlichen Wadenwickel: Wenn ich ihn am rechten Bein mache, schlafe ich besser, als wenn er am linken ist.

Entsprechend finden wir Zugang zum ganzen Stoffwechselgebiet, also Magen-Darm, Leber-Galle samt Anhang, vom linken Fuß bis zum rechten Oberkörper. Ein Griff an der linken Wade kann Auskunft geben, ob eine Verstopfung (oder auch chronischer

Durchfall, das ließ sich noch nicht trennen) besteht, aber auch, wie leicht oder schwer sie zu beheben ist. (Eine dreißigjährige Schauspielerin mit lebenslanger Obstipation war nach der ersten Beinmassage schlagartig befreit, was einen jahrelangen Zustrom von Schauspielschülern zu mir brachte . . .) Da unser Willensprozeß auf dem Stoffwechselwesen gegründet ist, sind auch seine Störungen hier zugänglich. Sowohl der Schwächling, der sich nie recht durchsetzen kann, als auch der Verkrampfte, der alle Knoten brutal durchschlagen will, können hier in eine Entwicklung geführt werden – der eine zur Selbstbehauptung, der andere zur Toleranz.

Die angewandte Therapie beginnt mit der untersuchenden und vielleicht auch massierenden Hand. Im russischen Gefangenenlager begegnete mir ein schmächtiger Mann, der nach wochenlangem Eingesperrtsein in einem Keller mit kniehohem Wasser an heftigem einseitigem Hüftweh litt. Einzige Behandlungsmöglichkeit: Massage mit bloßen Händen. Aber jede Berührung der Schmerzstelle verbot sich absolut! An Gegenarm und -schulter konnte begonnen werden, viel später erst am anderen Bein; nach wochenlanger Vorbereitung erst war die zentrale Kälte-Festung sturmreif. Die Heilung war gründlich, wie die jahrelangen dankbaren Postgrüße zeigten. – Der Direktangriff an der Schmerzstelle bringt nur unnötige Leiden, nie Heilung. Die kann nur vom Gegenpol her kommen, durch dessen Erweckung die Ganzheit realisiert wird. Erst wenn der Schmerz vom „unreifen“ Zustand durch die Blutwärme „reif gekocht“ ist, kann der letzte, direkte Durchbruch gelingen. Oft sagt der Patient schon: „Es tut herrlich weh, aber greifen Sie noch fester, dann wird's noch besser.“ Der „Befreiungsschmerz“ ist der letzte und schönste! Für das „Kochen und Backen“ der Schmerzen ist örtliche Wärme sehr hilfreich: an der Sonne oder Heizung gewärmte Wolldecken und Steinplatten (aus dem Bach) sind beliebte Schmeichler. Aber auch hier ist die indirekte Hilfe noch weitreichender: Geht man von einem aufgespürten Weh zur Genickströmung und belebt diese möglichst tiefgehend, so ist danach meist der erste Schmerz verschwunden oder mindestens sehr gelindert. Dies immer neue Wunder verdankt man den Kräften des Hauptes, die über das Genick in den Muskelmenschen wieder hereinkönnen. Es drängt sich die Anschauung auf: Wenn Licht von oben in die leiblichen Probleme leuchtet, werden sie lösbar. Dies ist der zweite Schritt zur Gesundung. Schmerzen sind wie verwunschene Wesen, die durch Wärme und Licht erst zu dem wieder gemacht werden, was ihre innere Natur ist: Kraft! – Hat man dem Patienten so ein Stück auf den Weg geholfen, so kommt die Frage: ,,Kann ich nicht selbst auch etwas tun?" Man kann: Bewegung, noch besser beseelte Bewegung, d. h. Eurythmie, aber auch alle anderen erneuerten Künste wie Malen, Sprache, Singen . . . Die Krone aber ist die Erkenntnisarbeit, das ,,Erkenne dich selbst". Erst wenn man das schicksalhafte eigene Versagen immer mehr durchschauen lernt, das zur Erkrankung führte, ist das ganze Schicksalsrätsel gelöst und erlöst. Therapie kann zur Lebensschule werden, die Patient und Heiler verwandelt.

Die Befreiung eines Muskelorganismus dauert meist ein bis zwei Jahrzehnte, die ersten Schritte kommen oft schon nach zwei- bis fünfjähriger Behandlung. In dieser Zeit lernt man die Konstitution des Patienten tiefer kennen; die geheimnisvollen Abgründe des Muskelwesens lassen die ganze Veranlagung eines Schicksalslaufes erahnen. Da findet man den stoffwechselbetonten Typ mit seinem Auf und Ab des Unmuts, der Neigung zu jähen Ausbrüchen, die den Stauungen der inneren Strömungen entsprechen. Ihm gegenüber steht der kreislaufbelastete oder rhythmusgestörte Mensch, der so oft in Müdigkeit und Erschöpfung ertrinkt, dann wieder in rasender Hetzjagd das Versäumte nachholen will, immer von Terminen gequält wird. Und neben den seltenen ,,reinen" Fällen die vielfältigen Kombinationen, Variationen. Durchsichtig wird das Schicksalsgewebe, sobald die Therapie den erstarrten Zustand in Bewegung bringt.

Ein einfacher Fall: Eine Hand hat sich in vielen Jahren arthrotisch deformiert. Unterirdische Kräfte der Muskulatur haben das nach geheimem Plan vollbracht; langsamer als eine Uhr, ungerührt von allen Wünschen oder allem Mißfallen des Menschen. Direktes Herumbiegen an den Fingern ist wirkungslos; der ,,Weg" zur Rückverwandlung geht über die Mobilisierung des ganzen Muskelmenschen (Glieder, rhythmischer Mensch und Bewußtseinsmensch). –

Analog kann man sich alles pathologische Geschehen an anderen Stellen und Organen vorstellen. In der Gesamtheit dieser geheimnisvollen Unterströme wirken unterbewußte Zusammenhänge der tiefsten biographischen Schicht, die man die karmische nennen kann. Aber jedes Geheimnis tritt auch einmal an die Oberfläche! Was geschieht, wenn man stolpert? Man hat das Kräftegleichgewicht (des Körpers oder vielleicht des Wagens) falsch eingeschätzt, wird vom Herrscherthron gestoßen, und der Bewegungsablauf geht nun nach dem Unterstrom. Man hat sich eine Verletzung ,,zugezogen", einen Unfall ,,gebaut" mit allen Weiterungen (besonders im Alter). Bisher verdeckte Spannungen konnten sich in dem kleinen Augenblick auswirken und geben oft dem Leben eine neue Wendung; ebenso unabhängig von unseren Wünschen oder unserem Mißfallen. Der erfahrene Muskelkenner kann voraussagen, auf welchem Bein man stolpern wird, ja *muß*, denn das ist deutlich eingeschrieben in Form von Spannungen; analog ist es mit den anderen Ereignissen. Das Schicksal wartet gleichsam in den Muskeln auf das weckende Stichwort. Rudolf Steiner drückt das so aus: ,,. . . sind diese Fleischesmuskeln das kristallisierte Karma . . . Die Weltenordnung hat unser Schicksal kristallisiert in unserem Muskelsystem."[2]

Das Fazit dieser räumlichen, zeitlichen und therapeutischen Betrachtungen: Von der dreistufigen Hierarchie des Muskelmenschen wird meistens nur die unterste, am meisten grobsinnlich wahrnehmbare Schicht: der Skelettmuskel, in Betracht gezogen. Seine isolierte Leistung, als Sklavenarbeit nie hoch geschätzt, ist heute noch mehr entwertet, weil von Maschinen übernehmbar. Der volle Wert wird immer erst durch die Zusammenarbeit des Ganzen erreicht, diese allein ist heilend und muß vor allem im Heilvorgang angestrebt werden. Wenn das auch nur annähernd gelingt, so leuchtet darin das Menschenziel auf: Glück und Gesundheit des einzelnen ist darin ebenso beschlossen wie die höchste Kultur für die ganze Menschheit.

In den Tiefen des Muskelmenschen aber lebt noch eine urgewaltige schweigende Unterströmung, die in Schicksalsaugenblicken, besonders auch im Krankheitsgeschehen, wahrnehmbar wird. Daß sie nicht ein starres Verhängnis, ein Damoklesschwert ist, kann in der therapeutischen Wandlung erfahren werden. Aus Schmerz kann wieder Kraft werden. Aber auch neue Fähigkeiten müssen auftauchen, denn Gesundung ist nicht ein Wiedereinrangieren ins alte Gleis, das nicht mehr weiterführen würde, sondern eröffnet einen neuen Weg. Sie ist Entwicklung zu einem höheren Gleichgewicht mit Erwerbnissen, die vorher nicht zu ahnen waren. So kann das Eingehen auf die Phänomene des Muskelmenschen zu einem dynamischen Begriff von *Karma* führen.

[1] Die sonst übliche Einteilung in „motorische" und „sensible" Nerven muß abgelehnt werden.

[2] Rudolf Steiner: Inneres Wesen des Menschen und Leben zwischen Tod und neuer Geburt, Vortrag vom 9. April 1914, GA 153, Dornach 1978, S. 85, 86.

Rheuma – eine Volkskrankheit

Der Name Rheuma kommt aus dem Griechischen und heißt „das Fließen“ oder „Strömung“. Er deutet hin auf die damaligen Vorstellungen vom Wesen dieses Leidens. Uns wird sich zeigen, daß das Fließen und Strömen für die Heilung dieser Krankheit oder besser: dieser Krankheiten wichtig ist. Unter Rheuma verstehen wir sehr vielerlei Erkrankungen; immer aber sind es Störungen im Bewegungsorganismus: in Muskeln, Sehnen, Knochen, Gelenken. Und immer sind Schmerzen und Bewegungseinschränkungen damit verbunden. So leidvoll und behindernd sie sein können, so sehr sie das Leben vergällen: sie verkürzen es kaum.

Gehören die unzähligen „Rheumakrankheiten“ wirklich zusammen? In der Wissenschaft hält man diesen Begriff für einen großen Sammeltopf verschiedener Leiden. Die Betrachtungen beginnen da meist mit dem arthritisch erkrankten Gelenk, also einem Endpunkt. Da der Bewegungsprozeß vom Muskel ausgeht, wollen wir versuchen, dort die innere Einheit zu entdecken. Der rheumatische Muskel zeigt Schmerzen und Versteifung, die zur Schonung führen, eine zunehmende Verhärtung. Die ersten Anfänge davon merkt der Mensch kaum, weil er unbewußt ausweicht auf weniger betroffene Partien. Die dadurch verringerte Geschicklichkeit wird meist auch nicht wahrgenommen.

Aber eine zunehmende Bewegungsunlust sollte als Warnung dienen. Sind erst größere Muskelgebiete betroffen, dann genügt oft ein kleiner Luftzug, um einen „Hexenschuß“ auszulösen und damit plötzlich das bisher leise im Untergrund schwelende Krankheitsgeschehen zu vollem, schmerzhaftem Bewußtsein zu bringen. Das vorher nur „schlafende“ Rheuma ist voll erwacht!

Oft wird dies Stadium des Muskelschmerzes aber auch übersprungen, und es tritt statt dessen eine rheumatische Erscheinung am Gelenk, am Nerven (Neuralgie) oder als Fernwirkung an noch anderen Organen auf. Denn zäh gewordene Muskeln bringen auch den Kreislauf, diesen tiefsten Beweger, zunehmend zum Erliegen, und das wieder hemmt die auf seine Anregung wartenden Lebensprozesse im Bauchraum, in den Lungen und nicht zuletzt im Kopf. So sehen wir eine Kette des Mißvergnügens – von der so harmlos scheinenden Bewegungsunlust ausgehend – durch alle Bereiche des menschlichen Organismus sich auswirken. Einmal nimmt dieses lähmende Mißvergnügen die Richtung auf die rheumatischen Leiden im engeren Sinne. Darüber hinaus aber ist es wie eine Urmutter vieler anderer Krankheiten.

Wo aber beginnt diese erste Hemmung des Bewegungsfeuers, das man z. B. beim gesunden Kinde oft noch erleben kann? Wird nicht mit jedem Menschen eine volle Portion Lebenslust mit hineingeboren mit einer ungeheuren Wucht. – Es ist eine traurige Tatsache, daß die Schule mit dem „Stillsitzen“, das nicht nur äußerlich gefordert wird, einen Einschnitt im Bewegungsleben des heranwachsenden Menschen bringt, mit dem in späteren Lebensjahren auftretende Krankheiten veranlagt werden. Deshalb sucht der kinderliebende Lehrer die notwendige Ruhe nicht von außen aufzuzwingen, sondern von innen zu erreichen, indem er das Herzensinteresse weckt. Der mit innerer Begeisterung unterrichtende Lehrer regt im Kinde das Bewußtseinsfeuer an, das nie die Glieder lähmen, sondern ihre Bewegung vertiefen und verfeinern wird. (Diese Erkenntnis weist auf einen der Grundimpulse für den Lehrplan der Waldorfschulen hin.)

Wer die Muskulatur kleiner Kinder untersucht, kann leicht feststellen, daß auch schon vor dem Stillsitzen in der Schule die ursprüngliche Kraft der Strömung gemindert ist. (Freilich ist jahre- und jahrzehntelange liebevolle Übung nötig, um solche Vergleiche richtig zu beurteilen.) Unsere Zeit ist einerseits so kinderfremd und -feindlich wie bisher keine, aber sie hat – vielleicht gerade deshalb – theoretische Kenntnisse über das Kleinkind hervorgebracht! So spricht man viel von „frühkindlicher Deprivation“, d. h. Entbehrung, vor allem der genügenden Sättigung mit Mutter- und Vaterliebe. Noch Genaueres können wir erfahren von dem intimsten Kenner der Kindesseele: Rudolf Steiner. Er sagt zu den Erziehern: „Das Kind gestaltet sein Wesen nach unserer Gesinnung, nach unserer Gedankenhaltung, unserer Gefühlshaltung . . . Ein in Liebe zum Gehen angeleitetes Kind wird zum gesunden Menschen erzogen." – Bringt man in der Zeit des Gehenlernens „in das, was die eigene Menschennatur will, den geringsten Zwang hinein, dann verderben wir dem Kinde das Leben – mit Rheumatismus". – Mancher ist mit 40, 50 Jahren Rheumatiker, weil sein Lehrer ein haltloser Choleriker war. Andererseits solle man mit allen kleinen Kindern tanzen, denn „der Mensch wird in die Welt so hineingeboren, daß er seine eigene Leiblichkeit in musikalischen Zusammenhang mit der Welt bringen will".

Freudedurchströmte Bewegung

Dieses Wort vom „musikalischen Zusammenklang mit der Welt" weist auf die Richtung des Heilweges für den Rheumatiker. Alle äußeren Hilfen wie Wärme, aktive und passive Bewegung, Medikamente müssen in den Strom dieser musikalischen Freude eingebettet sein, um zu ihrer vollen Wirksamkeit zu kommen. Dann ist Muskelrheuma fast völlig heilbar! Allerdings nicht in kurzer Zeit, wie die Ungeduld des Maschinenzeitalters es möchte. Wer mit 40 Jahren sein Rheuma zu spüren anfängt, hat ja eine schon über 30jährige Anlaufzeit verstreichen lassen und dürfte recht dankbar sein, in etwa ebensovielen Monaten intensiver Gesundungsarbeit etwas zu erreichen.

Dabei können auf diesem Wege beglückende Erfahrungen gemacht werden. Nicht nur schwinden die Muskelschmerzen selbst, sondern auch Gelenke können wieder schmerzfrei und sogar beweglich werden. Ähnliches wäre von rheumatischen Nervenschmerzen zu sagen. Da großenteils auch Kopfschmerzen auf rheumatische Störungen zurückzuführen sind (Hals- und Genickmuskeln), können sie ebenso „wegschmelzen". In der Genickmuskulatur liegt vielfach auch die Ursache für Schlafstörungen . . . und so könnte man jahrzehntelange Heilerfahrungen noch von vielen Leiden aufzählen!

Doch nun soll einiges über die Heil-Maßnahmen gesagt werden. Da das Rheuma den Bewegungsorganismus betrifft, wird es sich weitgehend um die so schwierige Aufgabe handeln, die verschüttete Eigenbewegung wieder zu beleben. Erst wenn tiefste Freudigkeit den Muskel durchpulst, ist er gesund. Wie ein von Menschen verlassenes Haus von Wind und Wetter zerstört wird, so braucht der Körper einen kraftvoll-lebhaften Hausherrn, um allen Außengefahren gewachsen zu sein. Viele Menschen sind eher geneigt, ihr Auto pünktlich zu warten als den eigenen Leib! Aber es gibt einen für alle gangbaren Weg, sowohl die einfachste wie die komplizierteste Bewegung wieder sinnvoll zu durchdringen. Die vom Inneren des Menschen aus geführten und in objektive Formen hineinklingenden Bewegungen, wie sie in der Bewegungskunst der Eurythmie geübt werden, vermögen ein neues freude- und liebevolles Sich-Verbinden mit der Bewegung anzuregen. Auch alle anderen Bewegungsübungen sind in dem Maße heilsam, wie sie mit Lust und Liebe gemacht werden.

Wichtige Wärmeanwendungen

Ist schon in jeder Bewegung die Wärme mit enthalten, so kann und muß das heilende Element der Wärme doch noch gesondert angewandt werden. In vielerlei Formen kann z. B. das warme Wasser, lokal gezielt oder allgemein (als Bad), den natürlichen Wärmeprozeß anregen und steigern. Nun gibt es zwar auch Rheumatiker, die Kälte brauchen. Das ist nur scheinbar ein Widerspruch: die äußere Kälte ruft bei ihnen die eigenen Wärmereaktionen noch stärker hervor. – Zum Wasser können nun verschiedenste Zusätze hilfreich beigefügt werden. Pflanzendüfte, ätherische Öle schenkt die Natur in reicher Fülle. Ihre Wirkung in Badezusätzen wie z. B. der Rosmarin-, Lavendel- und Fichtennadel-Bademilch geht weit über das Körperliche hinaus, indem sie aufmunternd, beruhigend und entspannend oder allgemein harmonisierend auch den seelisch-geistigen Bereich ansprechen.

Ein einfaches und doch so wirksames Hausmittel zu stärkster Wärmezündung ist das Senfmehl: Eine Handvoll ins Fußbad für alle Kopfleiden, vom Kopfweh bis zu Schlafstörungen. Als Auflage für alle Schmerzstellen, z. B. Gelenke, nimmt man: 1 Teelöffel in kaltem Wasser zu Brei verrührt und dünn auf handgroßem Lappen aufgelegt; nach ca. 10 Minuten abwaschen. Anschließend sollte der Lappen noch etwas länger auf die Wade und dann die Fußsohle der anderen Seite gelegt werden. Das vertieft die Wirkung sehr! Also z. B. linke Schulter – rechtes Bein und umgekehrt. Die dadurch fast bis zur Entzündung durchwärmten Stellen vertragen danach so schnell keine zusätzliche Reizung, weder durch Bäder noch durch die sonst täglich helfende Rheumasalbe, eher schon das Massageöl.

Massage, die passive Bewegung, kann hier nur gestreift werden, denn bei dieser hohen Kunst kommt es auf das „Wie“ an. Sie kann wahre Wunder der Besserung und Heilung befördern!

Die Wärmepflege durch hautfreundliche Kleidung aus Naturstoffen ist deshalb so wichtig, weil eine enge Beziehung zwischen lebhafter Hauttätigkeit und Muskelgesundheit besteht; eines fördert das andere. Am wohltätigsten ist die leise Friktion „lebendiger“ Wolle unmittelbar auf der Haut (alles Färben, Eulanisieren usw. mindert das Leben der Stoffe mehr als das Alter!); ein Büschel ungewaschener (!) Wolle ist geradezu ein Heilmittel als Wickel etwa um ein schmerzendes Gelenk. Wer die direkte Berührung der Haut mit Wolle nicht verträgt (es gibt echte Wollallergien!), kann Seide oder feinere Wolle darunter nehmen.

Hiermit haben wir das große Gebiet der äußeren Hilfen umrissen und wollen nun noch andeuten, was als Diät und Heilmittel von innen her diese Maßnahmen noch ergänzen kann: Vermeidung aller Genuß- und Nahrungsgifte sollte eine Selbstverständlichkeit sein, denn der Stoffwechsel hat übergenug zu tun mit der Ausscheidung der Rheumagifte. Fleischarme, noch besser vegetabile Kost entlastet das Budget am besten; Demeterprodukte sind besonders vorzuziehen.

Hilfreiche Heilsubstanzen

Während die Kostwahl mehr vom Kranken selbst abhängt, werden Medikamente vom Therapeuten zusammengestellt. Aus der großen Zahl der Heilpflanzen wollen wir nur drei herausgreifen, die innerlich und von außen zu gebrauchen sind: die Birke, den Wacholder und die Kastanie. Sie wirken ganz allgemein dem Rheuma entgegen. Birke und Wacholder, die Entschlackung und Ausscheidung von Ablagerungen fördern, werden innerlich angewendet, z. B. im Weleda Birken-Elexier, die Kastanie, z. B. als Badezusatz, von außen.

Gezielter kommt dem Rheuma der Arzt bei, besonders mit Metallprozessen. Da sind vor allem das Silber und Eisen zu nennen; für die Gelenke steht das Zinn an erster Stelle, für Knochen das Blei. – Heilmittel, die seit Urzeiten Gutes tun, stammen aus dem Tierreich: Die „Gifte" von Biene, Ameise, Wespe und Hornisse werden zu hochwirksamen Medikamenten zubereitet, die eingenommen, gespritzt und zum Teil auch äußerlich angewendet werden.

Diese spärlichen Hinweise, die sich auf eine Therapie beziehen, die stets individuell vom Arzt zu verordnen ist, wollen nur dem Leidenden die Zuversicht geben, daß dem Meer von Schmerz und Kummer eine ebenso große Fülle von Heilkräften entgegensteht, die aber von ihm aktiv ergriffen werden müssen. Unsere Ausführungen zeigen den Ursprung des Rheumas in der frühen Kindheit und dann den Heilungsweg durch freudegetragene Bewegung und liebevolles Tun aus den Kräften des Einklanges. Daraus entsteht Belebung und Strömung, die alle Erstarrung schrittweise überwinden und zur Heilung führen kann.

Wirbelschäden – eine Zeitkrankheit

Während z. B. Fußkrankheiten altbekannt sind, leidet erst unsere Generation in ähnlichem Ausmaße an Rückenbeschwerden; von der so weit verbreiteten Schwäche und Müdigkeit bis zu deutlichen Schmerzen, immer häufiger selbst bis zum lähmungsartigen Zusammenbruch. Je nach der Stelle dieser Katastrophen ergeben sich verschiedene Bilder und Ausstrahlungen, z. B. vom Halsteil in Kopf und Arme, vom Kreuz in Becken und Beine.

Wie ist die Wirbelsäule aufgebaut? Die knöchernen Wirbelkörper – beim Erwachsenen 24 freie und das aus 5 Kreuzwirbeln zusammengebackene Kreuzbein nebst Steißbein – sind gelenkelastisch zu einem schlangenartigen Wunderbau von unerhörter Beweglichkeit gefügt. Hinten und seitlich ist er von einem Heer (über 150!) kleinster bis immer weiter übergreifender Muskeln umhüllt, die eine schier unendliche Fülle verschiedener Bewegungsformen und -intensitäten ermöglichen. (Wo bleibt diese Fülle in unserem Leben?) Zwischen den Wirbelkörpern liegen wie Puffer die 23 knorpeligen „Bandscheiben", von deren Verschleiß so häufig gesprochen wird. Bei wem aber treffen wir solche untüchtigen oder gar zerfaserten Scheiben? Nicht etwa bei Schwerarbeitern, Lastenträgern, sondern im geschonten Rücken des Autofahrers, Büromenschen, des Fließbandarbeiters, – also bei geringer und einseitiger Bewegung. Besonders verhärtet ist oft der Halsteil. Man möchte den Begriff prägen „Verschleiß durch Nicht-Gebrauch!" Hier zeigt sich das allgemeine biologische Gesetz: was nicht gebraucht wird, verfällt!

In vielen Gegenden tragen oder trugen besonders die Frauen große Lasten auf dem Kopf, oft auf schwierigen Wegen; diese Menschen zeichnen sich bis ins hohe Alter durch herrliche aufrechte Haltung aus. Die gründlich „durchlastete" Wirbelsäule bleibt gesund und schön.

Da man am Lebenden die Bandscheiben (lat. Disci) nur durch Operation zu Gesicht bekommen kann, versucht man ihren Zustand im Röntgenbild zu beurteilen. Aber die Operation hat wenig befriedigt, und das Schattenbild zeigt in den Anfangsstadien einmal große Veränderungen bei nur geringen Beschwerden, das andere Mal fast ungestörte Konturen trotz schwerer Krankheit. Es ist also kein guter Helfer, sondern suggeriert im ersten Falle ein schlimmeres Leiden als der Patient bisher erlebte, im zweiten bringt es ihn in den Verdacht der Übertreibung.

Aber sind denn die Bandscheiben überhaupt so wesentlich für die Beurteilung?

Die Untersuchung des kranken Rückens zeigt uns so viele, leicht überschaubare Krankheitszeichen, daß der geduldige Beobachter an Haut, Muskelspannung und -verdichtung, Druckschmerz, Beweglichkeit usw. genügend Anhaltspunkte findet, die viel mehr aussagen als jene Schatten. Nimmt man gar das seelische Bild mit in die Betrachtung, so spricht jede innere Leere, die wie auf Schienen laufende Festlegung des Erlebens und Handelns (Routine), die daraus folgende Lustlosigkeit, das Zweifeln an jeder Erneuerung des Lebens vom Versiegen jenes geheimen Lebensstroms, der uns trotz seiner Unsichtbarkeit doch der wesentliche Schlüssel für die Erkennung dieses heimtückischen Leidens, vor allem aber für den Gesundungsweg zu sein scheint. Wenn nun diese innere Verarmung die erste Stufe der Krankheit darstellt, muß Bewegungsschrumpfung der zugehörigen Muskulatur die nächste und die Veränderung an Knorpeln und Knochen (einschließlich Gelenken sowie den Druckfolgen an Nerven), die uns das Schattenbild so exakt zeigt, erst die letzte Auswirkung sein. Diese Auffassung gibt uns den Heilplan.

Der Erkrankte – und das sind fast alle Menschen unserer Zivilisation! – muß wieder den Anschluß an die großen Erneuerungsmächte und Wahrheiten bekommen, damit er aus seinem Gefängnis herausfindet. Seele und Geist können dann auch sein Muskel-Leben wieder erneuern.

Der Muskel (lateinisch musculus = das Mäuschen) will ein lebendiges Wesen sein. In seiner Zusammensetzung ähnelt er sehr dem Blut. Der gesunde Muskel hat ein ständiges „Spiel“, auch wenn er in „Ruhe“ ist. Am Mienenspiel kann man das am besten beobachten. Das Muskelspiel des Rückens kann man aber nicht sehen, sondern nur aus dem Grad seiner Elastizität erschließen, am besten beim Durchtasten bis in die Tiefe. Die Muskelschichten neben der Wirbelsäule haben eine unerwartete Tiefe. Dieser Teil der Muskulatur gilt zwar als „willkürlich“, d. h. den Absichten des Menschen gehorchend; in Wirklichkeit ist nur ein geringer Teil uns jederzeit dienstbar. Nur in Lebensgefahr und in seelisch außergewöhnlichen Lagen werden die Tiefenkräfte weiter erschlossen. Das sportliche Training versucht seinerseits für Rekordleistungen, immer mehr von diesem Vorrat durch systematische Übung, bei manchen Völkern (Japan u. a.) in religiöser Vertiefung, ans Tageslicht zu holen. Aber wenn diese Lebensströme nur für ehrgeizige Augenblicke verbraucht werden, droht bald ein Verbrauchtsein des ganzen Menschen.

Für die Gesundung des erkrankten Muskels ist nur soviel von der Bewegung heilsam, als der Götterfunke unverfälschter Freude darin brennt. Immer muß man dabei auf das Kind schauen, das ganz aus diesem Quell sich bewegt. Der kindliche Freudestrom wird leider oft allzu früh unterbrochen. Viele Begegnungen mit unserer Zivilisation schaffen eine seelisch-leibliche Wunde im Kinderkörper, vor allem in den Muskeln, die dann zur bleibenden Schmerzstelle vernarbt. Die tastende Hand des Untersuchers findet dann beim Erwachsenen die ganze Tiefenschicht – nicht nur im Rücken – schmerzgeladen, verhärtet, dem Willen nur sehr wenig zugänglich. Mühsam schlängelt sich das Rinnsal der Pflichtbewegungen (vielleicht auch der sauren Pflichtgymnastik) durch den Irrgarten der Schmerzsperren. Eine Abkühlung durch Wetter, Zugluft oder eine Aufregung können genügen, auch das noch zu verschließen: der Hexenschuß, die „Bandscheibenstörung“ ist da. In der verhexten Schnelligkeit dieses Geschehens haben wir die Mäuschen-Behendigkeit jetzt auf der Minusseite auftretend.

Noch ein Geheimnis der Muskeln sei hier verraten. Es gibt keine noch so kleine Bewegung, die nicht das Ganze des umfassenden Muskelmenschen zum Mitschwingen brächte. Dadurch kann die heilende Bewegung die verkrampften und erstarrten Muskeln wieder erfassen. Das wirkt wie ansteckend auf die weitere Muskel-Umgebung, aber ansteckend mit Gesundheit!

Von selbst geschehen solche Wunder am leichtesten beim fieberhaften und katarrhalischen Prozeß, denn eine fieberhafte Erkrankung ist der Lebensgegensatz zum Verhärtungsprozeß.

Die Vorgeschichte der Rückenschmerzler hat wenig oder keine „Lösungskrankheiten", der Katarrhleidende dagegen wird selten von Verhärtungsschmerzen geplagt. Nun kann man ja nur wenig solche Tendenzen nach der einen oder anderen Seite ändern, aber man sollte die heilsamen Krankheiten wenigstens nicht stören. So gelingt es oft, über die gesundende Entzündung leichter zur befreienden Bewegung zu kommen, wenn der Arzt den Verlauf entsprechend zu lenken weiß.

Daß Wärme und Massage neben der erzwungenen Ruhe wesentliche Helfer sind, zeigen Instinkt und Erfahrung. Für die Massage muß dabei das oben über die Freude der Bewegung Gesagte angestrebt werden, bloße Routine kann sogar schaden. Das Einrenken (Chiropraktik) ist oft augenblicklich erlösend und zeigt damit deutlich, daß ein echter Wirbelsäulenfehler im Spiel war. Leider ist die Freude oft nur kurz, schon auf dem Heimweg kann die Fehlhaltung wieder auftreten. Wenn aber für stärkeres Strömen gesorgt wird, etwa durch Massage und gezielte Bewegungsübungen, am besten Heileurythmie, dann kann die Korrektur dauerhafter festgehalten werden.

Ein einfacher Versuch kann jedem die Realität dieses Strömens an knackenden oder knirschenden Gelenken, z. B. in der Halswirbelsäule, zeigen. Nach einem heißen Bade oder einer gleich gründlichen Strömungsbelebung irgendwelcher Art ist das Geräusch verschwunden! In diesem Falle ist also noch keine große anatomische Veränderung anzunehmen.

Bei Unfällen erlebt der Verletzte die Stockung seiner Lebensströme oft quälender als den eigentlichen Wundschmerz. Kleine Lageveränderungen bringen ihm oft sofort Erleichterung, müssen aber rasch wiederholt werden. In den Lazaretten des Krieges war die Wirksamkeit dieser Strömungshilfen im großen Maßstab erlebbar, und sie ist es heute in den Unfall-Krankenhäusern noch. Der Helfer kann da rasch ein feines Gefühl im Umgang mit dem unsichtbaren Geschehen in der Tiefe erwerben. Von den früher angewandten Gipsbetten ist man rasch wieder abgekommen, abgesehen von Ausnahmefällen. Sie wirkten sich als Sarg für das Muskelspiel aus und hinderten zu sehr die Wiederbelebung.

Die unzähligen therapeutischen Hilfsmöglichkeiten mit innerlichen und äußeren Heilmitteln können hier nicht weiter ausgeführt werden; es konnte nur die Hauptrichtung angedeutet werden.

Schauen wir noch einmal auf den Gedankengang zurück: von früher Kindheit an schreiben sich Hemmungen, Enttäuschungen in das Bewegungsspiel hinein, machen es immer unharmonischer mit steigender Zivilisation. Die Stelle der Auswirkung ist sehr individuell, in Zusammenhang mit schwachen Punkten der Konstitution. So ergibt sich wirklich eine ganz persönliche Lebensbeschreibung, die in ihren Auswirkungen auf die grobe und noch mehr auf die feinere Beweglichkeit (Muskelspiel) den Schicksalsrahmen für das weitere Leben gibt. Eine starre Muskulatur versperrt nicht nur leibliche, sondern auch innere, seelisch-geistige Erlebnisse.

Zum Menschenbild gehört das lebenslängliche Offenbleiben vieler Bewegungsmöglichkeiten, die das Tier in rascher anatomischer Spezialisierung aufgibt. Von solchen Tendenzen wird der Mensch bedroht, der der Bewegungserstarrung verfällt. – Aber wir sind nie hilflos! Gerade der tiefere Einblick in das fließend strömende Leben der Muskeln eröffnet Ausblicke zur Erneuerung. Mancher Schmerz kann wieder in Kraft verwandelt werden.

Bei den Griechen war der Kentaur Chiron als Heilgott hoch angesehen. Wenn sich eine menschliche Aufrichtung aus der tierischen Horizontalen herausringt (das Bild des Kentauren), dann ist Heilkraft für viele erschlossen. Auch das Heilbild der aufgerichteten Schlange, den alten Kulturen wohlbekannt, kann auf solche Art wieder neu verstanden werden.

Wirbelsäule und Schicksal

Schäden und Erkrankungen der Wirbelsäule, früher das Zeichen des Alters, treten immer mehr schon in der Jugend auf und begleiten so fast das ganze Leben der zivilisierten Menschheit. Üblicherweise sucht man die Ursache in den festen Teilen. So hat der Altmeister der Wirbelsäulenforschung, der Pathologe Schmorl[1], von 1925 bis zu seinem Tode 1932 10000 Wirbelsäulen seziert. Dabei waren natürlich die Muskeln schon vorher abgetrennt, die „störenden" Weichteile durch Mazeration (Auflösung) beseitigt. Er fand bei 38 % die nach ihm benannten Knötchen, deren Verlagerungen auch klinisch bis heute im Vordergrund stehen. Diese Forschungen wurden von seinem einstigen röntgenologischen Mitarbeiter Junghanns[2] weitergeführt, der (ab 1937) wenigstens den Schatten des Lebens, die Bewegungsabläufe der Knorpel-Knochensäule, in seinen Filmen einfing. Die bald einsetzende Hochflut der Operationen brachte viele anatomische Erfahrungen. So konnte der Chirurg Reischauer[3] 1949 sagen: „Die Lumbago im klassischen Sinn und der akute Hexenschuß beruhen immer auf einem Bandscheibenvorfall." Da fast jeder zweite Mensch bei uns ein solches Ereignis durchmacht, besonders zwischen dem 20. und 40. Jahr, sind wir hiermit im alltäglichen Leben angekommen. Aber nur bei wenigen kommt es zum großen Zusammenbruch, der dann die Operation (z. B. Laminektomie – d. h. die Entfernung des hinteren Anteils des Wirbelbogens – oder nur die Fensterung) fordert.

Hier soll versucht werden, die Wirbelsäule als Ganzes anzuschauen, in ihrer vielseitigen, strömenden Lebendigkeit. Dabei soll erst die zeitliche Entwicklung und dann der räumliche Aufbau so dargestellt werden, daß aus der Durchdringung beider Gesichtspunkte eine „Biographie" ablesbar wird. (Die Einzelfakten werden dabei vorausgesetzt!) Immer wieder wird es dabei notwendig sein, den bloß anatomischen Begriff zu überschreiten, um aus dem Ganzen zum Verständnis zu kommen.

In Zeit und Raum wirkt sich das menschliche Schicksal aus. Jedes Organ, jeder Körperteil hat seinen charakteristischen Anteil daran. Aber in der Wirbelsäule wird der Organismus einheitlich zu einem Ganzen zusammengefaßt, an dem das Schicksal besonders anschaubar wird.

Die ontogenetische Entwicklung der Wirbelsäule

Vorgeburtlich

Am Anfang ihres Erdenweges steht eine Hieroglyphe aus Urvergangenheit: die weich-elastische Chorda dorsalis („Rückensaite"). Wie ein dünnes Fädchen verläuft sie vor dem gewaltigen Nervenrohr, das etwa 15mal so stark ist. Aber ihre Richtkraft induziert die ganze weitere Entwicklung der Wirbelsäule. Im 2. Monat, wo der Embryo so tiefgreifende Umwandlungen durchmacht – dabei die große Gefahr einer Fehlgeburt – wird dieses Relikt von der knorpeligen Wirbelsäule abgelöst. Die Wirbelanlagen (Sklerotome) umgreifen die zierliche Chorda, überwachsen sie, die nun wie eine „Richtschnur" im Inneren ist. Aber jetzt wird auch ihre Einheit aufgelöst; das Segmentprinzip setzt sich durch. Im Schnittbild sieht man, wie die Knorpelkerne die Chordazellen nach der Bandscheibenanlage zu abdrängen. Dort werden sie über das „Chordasegment" zum „Platzhalter für den späteren Gallertkern"[5], der als „Schmorl-Knötchen" so schicksalhafte Wanderungen machen kann.

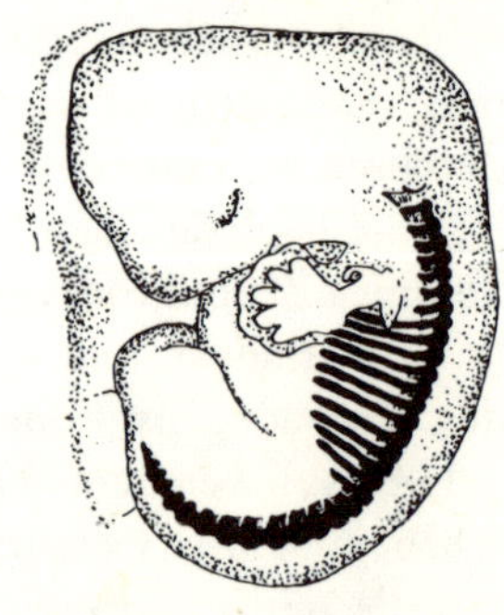

Keimling von 11 mm (6 Wochen). Stärkste knospenhafte Introversion. Erste Wirbelanlagen lösen die Chorda ab.
Braus, nach Keibel-Mall

Aber noch vor diesen Wirbelanlagen entstehen – und zwar als erste Metameren (Gliederungen) des Organismus – die Myomeren[4], Muskelanlagen, deren Anordnung in den kürzesten Rückenmuskeln, von Wirbel zu Wirbel gehend, erhalten bleibt. Diese zeitliche Priorität zeigt sich später im Funktionellen: immer paßt sich der Knochen an das Muskelgeschehen an, anatomisch sichtbar z. B. an den Impressionen und Insertionen (Ansätzen).

Kleinkind

Erst diese vielfach gegliederte Wirbelsäule kann sich strecken, ja „lordosieren", sich nach außen wenden. Schon die Geburt in Hinterhauptslage verläuft in energischer Halsüberstreckung, die den Blick „nach oben" richtet; beim Gehenlernen entwickelt sich später die Lendenlordose. Ehe beim Stehen und Gehen das vielseitige Bewegungsspiel der federnden Wellen und Biegungen beginnt, hat die natürliche Schule der Geschicklichkeiten noch eine wichtige Stufe vorgesehen: das Krabbeln. Ähnlich wie früher beim Strampeln des Säuglings wird dabei das Zusammenwirken der Bewegungssegmente – Muskel, Knochen, Gelenk – in steigenden Schwierigkeitsgraden geübt. Nur sind jetzt die Glieder schon der Erde zugewandt, die vorher noch nach der Himmelheimat wiesen.

Wirbelsäule des Neugeborenen, fast völlig gestreckt. Bandscheiben machen 1/4 der Gesamtlänge aus, daher größte Elastizität. Aus: Braus

War die konkave Wirbelsäule beim Strampeln passiv der Wiege angeschmiegt, so ist sie beim Krabbeln eine freitragende Brücke mit wechselnden Bewegungsspannungen. Die Etappen der Aufrichtung werden jeweils vorbereitet durch Verknöcherung, d. h. ein Erdhaftwerden. Erst wenn der Kopf genügend erdenhart ist, kann er aus der Aufbauwerkstatt des Liegens entlassen werden, so daß er freiwillig, aber auch gleich mit großer Begierde, gehoben wird. Schon dieser erste Akt der Eingliederung in die Erdenschwere setzt außer der Knochenhärte das Eingreifen des Gleichgewichtsorgans – im härtesten Knochen, dem „Felsenbein“, eingelagert – voraus. Das Auftürmen immer größerer Gebiete in labiler Beweglichkeit muß in Stufen gelernt werden. Die Wirbelsäule selbst hat vom 4. Fötalmonat ab begonnen, zu verknöchern. Wenn sie nun durch die Strampel- und Krabbelschule genügend vorbereitet ist, kann die volle Aufrichtung zur Menschengestalt gewagt werden. Und mit diesem Erreichnis beginnt auch schon die Problematik, die zur Pathologie führt. Viele Forscher halten das Verlassen der stabilen Vierfüßigkeit für einen Mißgriff der menschlichen Entwicklung, und das Heer der Rückenleiden scheint ihnen recht zu geben. Prof. Reischauer[3] nennt sie den „Tribut für das Geschenk des aufrechten Ganges“.

Waren die ersten Stufen der Entwicklung von Schlafesweisheit und dann von Erlebnisbegierde geführt, also durchaus lustvoll, so wirken mit zunehmender Beherrschung der eigenen Fortbewegung die Fremdkräfte und Pflichtvorstellungen der Erzieher in das kleine Paradies und tragen den Zwiespalt herein. Wie dieser über die Muskulatur ins Bewegungsleben hineinkommt und dort die Einheit zerstört, soll hier gezeigt werden.

Zunächst ein Gegenbeispiel. Die Existenz der Eskimos beruhte früher allein auf der vollendeten Körpergeschicklichkeit der Jäger. Dazu mußten sie das Paradies ihrer Kindheit viel länger erhalten. „Sie betrachten ihre Kinder als reine Engel, die nie etwas Verkehrtes tun; jeder Erwachsene wendet sich in ungetrübter Bewunderung und Liebe ihnen zu, als seien es seine eigenen“, schreibt ein dänischer Arzt nach langer Beobachtung. Eine ähnlich ehrfürchtige Stimmung dem Kinde gegenüber scheint auch in China üblich gewesen zu sein; Geschicklichkeit und der unermüdliche Fleiß können wohl damit in Zusammenhang gesehen werden. – Unsere vielschichtige Welt mit Arbeits- und Pflichtenteilung muß die Willenseinheit, in der das Bewegungsleben des ungestörten Kindes teilweise, des Wildtieres immer bleibt, früher oder später komplizieren, ja zerspalten. Im verzweifelten „Nein“ des Trotzalters tritt die Rebellion ans Tageslicht, die später noch oft aufbegehren wird. Das angedeutete Seelendrama wirkt sich unvermittelt im ganzen Muskelmenschen aus, so auch in den Strömungen der Wirbelsäule, von denen hier ein Bild gegeben werden soll. Die Weisheit der Sprache benennt die seelische ,,Aufrichtigkeit" nach dem Leiblichen, läßt einen Menschen gebeugt, geknickt oder gar gebrochen werden vom Schicksal und deutet damit lauter Erlebnisse der Wirbelsäule an. Könnte man sie nicht auch Schicksal nennen?

Schulalter

Betrachten wir einmal genauer, wie im Schulalter Rückenmüdigkeit und Haltungsschäden auftreten, die ersten Stationen der Wirbelsäulen-Pathologie. Der allseitige Bewegungsüberschwang wird eingeschränkt zugunsten gezielter Tätigkeiten wie Schreiben und anderer Handfertigkeiten. Die ganze Aufmerksamkeit des Abc-Schützen muß in die Fingerchen versammelt werden. Alle späteren Konzentrationen des Denkens haben hier ihr Vorbild. Aber die Lernlust läßt nur zu oft nach und wird dann meist durch Druck von außen statt durch ,,Er-ziehung" zu erzielen versucht. Wie anders war das noch bei der ersten Übersetzungs,,schule", als der Säugling lustvoll und nimmermüde sein Strampeln mit Jauchzen und Lallen, den Grundsteinen von Gesang und Sprache, durchsetzte! Die menschliche Beherrschung der Miniaturbewegungen des Kehlkopfes ist Anfang und Urbild aller späteren Schulung und Entwicklung. Aus dem großen Bewegungsorganismus wird eine kleine Abzweigung zur Blütenstufe emporgehoben. Diese Leistung kann nur aus freudvoller Ganzheit gelingen, denn die Blüte soll ein neues Ganzes sein und auf den Hervorbringer zurückstrahlen. Nie ist die Pflanze so stolz aufgerichtet wie beim Blühen! So möchte man für den Menschen sagen: gerade die Metamorphosen von Muskelkräften in Sprach- und später in Denkkräfte bringen jene geheimnisvolle unsinnliche ,,Strömung" zustande, die die leibliche Aufrichtung ,,durchlustet". Jede Beeinträchtigung dieses Verwandlungsstromes äußert sich als jene pathologische Müdigkeit, die dem Kind so wesensfremd ist, die aber sofort verschwindet, wenn man es seinen eigenen

Spielen überläßt. Dauermüdigkeit aber wird zur Haltungsschwäche, dann zur Fehlhaltung.

Lehrlingsalter

Im Lehrlingsalter ist auch meist noch das Schwergewicht im Muskelgeschehen, z. B. beim „shop girl's back". Aber mit der weiteren Zunahme von Kraft und Festigkeit rückt die Zeit des „Verhebens" und der Hexenschüsse heran. Die lange Anlaufzeit für den Niederschlag im Gelenk- und Bandscheibengewebe geht nun zu Ende, besonders wenn einseitige Anstrengungen in Beruf oder Sport zu bald und heftig eingesetzt haben. Wie sorgfältig hält z. B. der Pferdefreund die drei Jahre Wachstums- und Spielzeit für seine Lieblinge ein, weil er weiß, daß jeder verfrühte Einsatz sich bitter rächt! Beim Menschen entsprechen dem drei Jahrsiebte bis zur Volljährigkeit; aber trotz allen Jugendschutzgesetzen gelingt die Schonung nicht so gut. So sieht man z. B. den Turnbuckel auftreten zwischen dem 14. und 18. Lebensjahr, besonders nach Barrenübungen. Mit dem Scheitelpunkt am 6. Brustwirbel liegt er etwas höher als die Kyphose (Rückratverkrümmung) des Boxers um den 8. Brustwirbel, eine häufige Folge der fixierten Abwehrstellung. Ähnliche Wirkungen kann man bei jugendlichen Radrennfahrern und Eishockeyspielern finden; bei Ruderern kann die Schiefhaltung zu Skoliosen (seitliche Rückratverbiegungen) führen. Die beruflichen Schäden sind weniger fixierbar, aber wohl eher noch vielseitiger und verbreiteter.

Lebensmitte

Das Gewebe der Bandscheiben ist nur in der frühen Kindheit durchblutet, ab dem 4. Jahr bradytroph, also von der umgebenden Lymphe ernährt. Zwischen dem 15. und 25. Jahr vollendet sich die Blockbildung des Kreuzbeins, entsprechend den Reifeprozessen. Nun erst ist die Wirbelsäule ausgereift und voll belastungsfähig; leibliche Kraft und Elastizität haben ihren Höhepunkt. Aber ist das auch die Höhe des Menschlichen? Menschen, die eine vorwiegend leibliche Entwicklung durchmachen, können vielleicht als Sportler usw. Glanz und Ruhm erleben, dann aber unvermittelt ins Leere stürzen. Denn jetzt, in der Lebensmitte, soll das Seelisch-Geistige, das mit der Sprachentwicklung sich in das Leben einfädelte, die Führung übernehmen. Je besser die Überleitung gelingt, desto bruchloser wird der notwendig einsetzende leibliche Rückgang vom Inneren her überstrahlt. Statt der Pathologie der Rückbildung haben wir dann die Physiologie eines harmonischen Abbaues bei gleichzeitiger Höchstentwicklung der Seele.

An Bandscheiben und Gallertkern sieht man etwa vom 30. Jahr ab die Erscheinungen der Entquellung und Alterung, die durchaus im Bereich des Physiologischen bleiben können. Aber bei einseitiger Dauerbeanspruchung – die Arbeitsteilung jeder Hochkultur bringt Einseitigkeit – und heftiger, plötzlicher Anstrengung können an schwachen Stellen Risse und Defekte auftreten. Die Folgen (es müssen nicht unbedingt Beschwerden auftreten, diese können sich aber bis zu den furchtbarsten Erscheinungen steigern) richten sich nach der Lokalisation und Dynamik. Das „Schmorlsche Knötchen", d. h. der Gallertkern oder etwas Bandscheibenmasse, durch einen Knorpelscheibendefekt evtl. bis in den Wirbelkörper hineingepreßt, kann noch symptomlos verlaufen; will man doch sogar bei frühgeschichtlichen Skeletten die Folgen solcher Durchbrüche gesehen haben. So können die anatomisch deutlichsten Befunde gerade die harmlosesten sein; eine Beobachtung, die immer wieder die Wirbelsäulen-Röntgenologen betrüben muß. Die „Verheber"-Fälle und Hexenschüsse beruhen nach Reischauer[3] immer auf einem hinteren (durch das vegetativ-sensible Längsband) oder seitlichen (mit Wurzelreiz) Vorfall; nach Zuckschwerdt (zit. bei [6]) auf Blokkierung der Wirbel-Gelenke. In den schwersten Fällen kommt es zur Querschnittslähmung, bei der nur schnellstes (innerhalb 24 Stunden) mechanisches Eingreifen (chirurgisch oder auch chiropraktisch, d. h. durch gezielte Handgriffe, mit denen die Wirbelsäule „gerichtet" wird) noch helfen kann. Manchmal freilich erfolgt die Operation auch spontan, indem der Sequester (vom gesunden Gewebe getrenntes abgestorbenes Knochenstück) im toten Raum verödet oder ein fixierter Prolabs (Vorfall) sich wieder löst und zurückgleitet. Wenn der ganze Gallertkern ausgestoßen wird, so wird außer seiner Masse auch die Funktion als Druckpolster und -verteiler verloren gehen. Es kann vorkommen, daß mehrere Hernien (Brüche) zugleich gefunden werden, in einem Falle waren es 12! – Das gibt erhebliche Substanzverluste, dadurch aber dann auch Ruhe; Tugend des Alters.

Alter

Die immer mehr schrumpfenden Bandscheiben neigen stets weniger zu solchem Überschäumen. Wie der Gipfel der Selbstmordkurve zwischen 30 und 40 Jahren liegt, so wird der alternde Organismus auch im einzelnen haushälterisch. Die vom Seelischen wie vom Körper her nachlassende Bewegungslust und die arthrosischen, degenerativen Prozesse lähmen die Dramatik. Junghanns fand bei 80% der über 50 Jahre alten Männer und 60% der Frauen eine Osteochondrose (Degeneration der Zwischenwirbelscheiben) der Lendenwirbelsäule. Zunehmende Bewegungseinschränkung leitet zum leiblichen Stillstand über. Der Augenblick des Todes bringt mit der letzten röchelnden Ausatmung eine charakteristische Strekkung der Wirbelsäule. Wird der Mensch aus voller Kraft abberufen, so tritt die ganze Lordosebewegung in Erscheinung, evtl. mit gleichsam jauchzendem Hochwerfen der Arme; es ist die gleiche Geste, die man bei höchster Freude und Begeisterung macht. – Diese Bewegung ist der deutliche Gegenpol der embryonalen Beugung. Das liebliche Bächlein, der reißende Fluß mit seinen Katarakten, schließlich der bedächtige Strom – sie kommen zur Ruhe. Die Betrachtung dieser Lebenskurve hat uns von Urvergangenheiten (Chorda) zur sterbenden Wirbelsäule geführt. Aber das ist nur die fallengelassene Hülle, der Schatten der sich in Stufen befreienden Entelechie, die von der Lebensmitte an sich aus dem eben aufgebauten Leib wieder gelöst hat und zu neuen Metamorphosen strebt. Das Schicksal hat nur am Anfang seinen Schwerpunkt im Leibe, geht dann in die Aktivität der Lebensmitte und weitet sich schließlich ins Meer des Geistes.

Die Wirbelsäule im Raum

Wenn wir uns nun das räumliche Neben- und Miteinander der großen Wirbelsäulen-Heerstraße anschauen, so muß zunächst daran erinnert werden, daß es sich nicht um ein anatomisches Präparat, sondern um ein fließend Lebendiges handelt. Die Wucht des unentwegten Strömens mag etwa aus dem Negativ einer blitzartig auftretenden Paraplegie (Querschnittslähmung) bei seiner Unterbrechung erschlossen werden.

Knochen- und Gelenksäule

Die schön geschwungene Knochen- und Gelenksäule ist aus der Anschauung gut bekannt. Wenige aber haben eine noch lebendigfeuchte Säule mit funktionierenden Gelenken in Händen gehabt. Ungeahnte spielende Beweglichkeit – aber mit charakteristischen Unterschieden. Das freieste Spiel ganz oben (Halswirbelsäule), wo der am meisten der Schwere – sogar seines ,,Körpers" – entledigte Atlas das Universum des Schädels fast ohne Kraftaufwand kreisen läßt. Mit jedem Schritt nach unten nimmt die Festigkeit und Tragkraft zu, die Freiheit aber ab. Eine noch rätselvolle Besonderheit der Halswirbelsäule sind die Processi uncinati, seitliche gelenkartige Schaufeln, die sicher die Seitendrehung einengen und dafür die Sagittalführung festigen. In eigenartiger Beziehung dazu müssen fast überall verbreitete Rißbildungen in den Bandscheiben gesehen werden, die das ganze Gebilde in zwei gelenkartig aufeinander gleitende Hälften spalten können. Trotz ihres frühzeitigen Auftretens, schon vom 9. Jahre ab, muß man sie doch wohl als eine pathologische Erscheinung auffassen (Töndury[5], Eckling[6]). Über die Beweglichkeit der Halswirbelsäule sagt Eckling: ,,Die kräftigen, aber schlaffen Gelenkkapseln erlauben Verkantungen der Gelenkflächen und das Klaffen der Gelenkspalte, so daß die Bewegungsmöglichkeiten in den Gelenken der Halswirbelsäule viel ausgiebiger und mannigfaltiger sind, als man aus der bloßen Gelenkform schließen könnte." Bei den Amphibien finden wir sogar echte Gelenke zwischen den Wirbeln des ganzen Halses, wie beim Menschen nur an den beiden obersten. Zwischen Sakral-(Kreuzbein-)Block unten und freiem Gelenkspiel oben wird das Thema der Beweglichkeit mannigfaltig variiert. Gegensätzlich verhält sich die Härte. Schon im Mutterleib beginnt die Verknöcherung am unteren Ende der Brustwirbelsäule, und breitet sich rasch nach oben, langsamer nach unten zu aus. In Zähnen und Felsenbein wird oben der Härtepol seinen Gipfel entwickeln, während die Stoffwechselprozesse unten das Prinzip der Substanzauflösung vertreten.

In der Brustwirbelsäule nähern wir uns dem Gleichgewicht zwischen Leichte und Schwere; so suchen und finden wir in ihrem Mittelteil die ausgewogensten und darin schönsten Wirbel. Der immer kräftiger werdende Körper ist geradezu in klingender Harmonie zu den hinteren Gebilden für Gelenke, Rückenmark und Muskeln (der Dorn ist als ein durch den Muskelzug kräftig herausplastizierter Knochenhebel aufzufassen). Hier in der Herzregion finden wir ja auch sonst die Stätte der Harmonie, im Herz das wohl schönste Organ. Dieser Innerlichkeit wendet sich die Brustwirbelsäule in sanfter Kyphose (Krümmung) liebevoll zu. Dabei tritt sie in Gegensatz zur Lordose der Halswirbelsäule, die ja schon „von Geburt an" sich nach außen wandte (s. S. 51). Am Umkehrpunkt haben wir eine gefährdete Stelle, die zu akuter Erkrankung und Degeneration neigt. Dagegen ist gerade die Brustwirbelsäule relativ am gesündesten und zeigt auch darin ihre Ausgeglichenheit. Die beiden hier sich durchdringenden Prinzipien sind Gestalt geworden in den

Nach Rauber-Kopsch

Kugelgelenken an Schulter und Hüfte. Atmet das Schultergelenk Freiheit, mit der Gefahr der Luxation (Verrenkung), so ist die Femur-(Oberschenkelknochen-)kugel stabil umfaßt und sehnig gekettet für ihre Tragleistung. Wie Illustrationen der zugehörigen Wirbelsäulen-Abschnitte können diese Gelenkpaare zu uns sprechen.

Ehe wir uns nun der immer plumperen Lendenwirbelsäule zuwenden, sei hier an eine alte Übung – wie sie z. B. in der Eurythmie angewandt wird[7] – erinnert, die das ganze Wirbelsäulenproblem in den beiden Polaritäten umfaßt: „Licht strömt aufwärts – Schwere lastet abwärts.“ Der Übende steht mit leicht gespreizten Beinen und hebt die Arme V-förmig nach oben; das nach oben weisende V der Arme und die Gegenfigur der unteren Extremitäten durchdringen sich in der Mitte rautenförmig zu einem Ort der Harmonie.

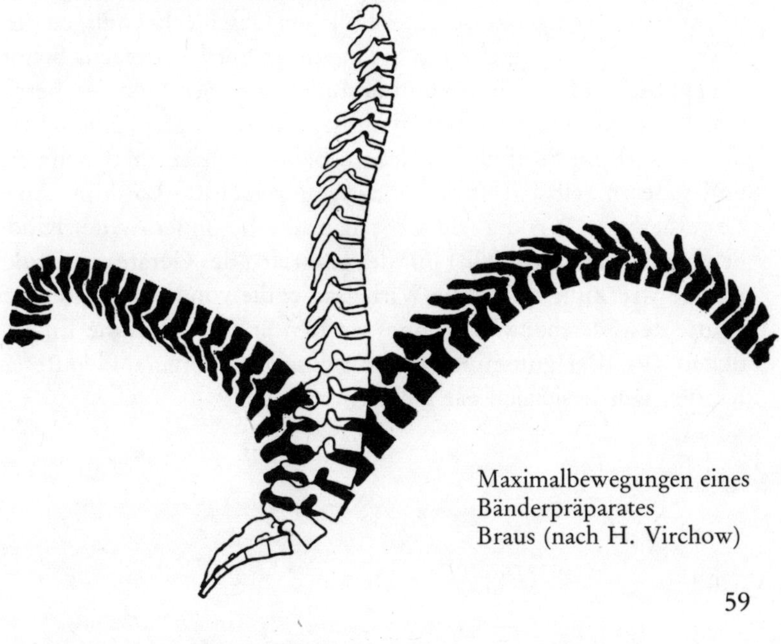

Maximalbewegungen eines Bänderpräparates
Braus (nach H. Virchow)

Das Lastende der massigen Lendenwirbelkörper wird noch unterstrichen durch den immer kleiner werdenden Bogenteil für die Fortsetzung des Rückenmarks. Die Licht-Beziehung ist nur noch Erinnerung. Aber wie im obersten Teil haben wir wieder eine Lordose, sogar viel gewaltiger. Die mit Außenkräften ringenden Stoffwechselvorgänge, die hier ihr brausendes Leben entfalten (man denke wieder an das Negativ, etwa einer Kolik) wirken viel stärker ins massig Räumliche hinein als die „dünneren" Kräfte der oberen Region (Kopf-Sinnesregion). Auch dieser Vergleich der beiden Lordosen führt zu einem tieferen Verständnis der Wirbelsäule, wenn man ihn innerlich oder äußerlich durchplastiziert. Nach dieser stärksten Hinauswendung der Stoffwechselregion folgt in jähem Umbruch die stärkste Kyphose im Sakralbereich. Auch dieser Übergang muß gefährdet sein; zu der Umkehr von außen nach geborgenster Innerlichkeit kommt die Brandung der größten Bewegungsausschläge hart am festgewordenen Block des Kreuzbeins. In unserer Zeit der vielen Sitzberufe ist es oft mehr eine Brandung der Starre von unten gegen die obere Beweglichkeit. Und gar oft werden Wirbel „sakralisiert" (d. h. sie verwachsen kreuzbeinartig); (weniger häufig ist Blockbildung in der Halswirbelsäule). Die Schwangerschaftsprozesse des weiblichen Geschlechts müssen hier zusätzlich Schwierigkeiten in wechselnder Stärke bringen. Schon die zyklische Hyperämie (Blutüberfülle) kann Beschwerden bereiten; Ptose und Degeneration sind die weiteren Stufen. Menschen, die zu stark im Stoffwechsel leben, bekommen zu ihrer Schwere und äußeren Selbstsicherheit leicht eine verstärkte Lordose. Aber sie verlieren an Wendigkeit. Läßt man sie – besonders in der Kindheit – balancieren, so fährt mit dem Betreten des Gerätes eine rukkartige Streckung durch die Wirbelsäule: die von oben wirkenden Kräfte des Gleichgewichtssinnes straffen und gleichen die Einseitigkeit aus. Bei gutem Ausgleich zwischen oberen und unteren Kräften würde sie sich gar nicht entwickeln.

Rückenmark

In diese so verschieden bewegliche Knochen- und Gelenksäule haben wir nun das eigentliche Zentralorgan, das nach außen völlig passive Rückenmark, einzufügen. Seine nach unten sich rasch verjüngende Säule zeigt die Gegenform zu den Wirbelkörpern; wieder kann man in diesem Antagonismus das Bild von „Licht und Schwere" erkennen und an die genannte Übung erinnert werden. Daß das Lichtorgan streng im Dunkeln gehalten sein muß, hat es mit dem Auge gemein, das nur an umschriebener Stelle dem Licht sich öffnen darf. Die leichenhafte Ruhe darf nicht über die nach innen gewandte Dramatik dieses Nervenbaumes täuschen, der bei der geringsten Beeinträchtigung durch millimetergroße Bandscheibenpropulsio (Bandscheibenvorstoß) so blitzartige und auch wieder charakteristische Fernwirkungen zeigt. Ob beim seitlichen Prolaps (Vorfall) eine oder mehrere Wurzeln gereizt werden und sich die entsprechenden neurologischen Ausfälle bilden oder ob das Mark selbst median getroffen wird, immer ist der Patient schwer gefährdet und hat oft heftigste Qualen zu leiden. Man schätzt, daß 90 % der Ischiaserkrankungen und eher noch mehr der Brachialgien (der „Ischias des Armes") hierher gehören (entzündliches Halswirbelsäulen-Syndrom). Die Qualität der Schmerzen wird manchmal so beschrieben: „Der ganze Körper steht in Flammen."

Blutgefäße, Luft- und Speiseröhre, Muskelsäule

Die große Heerstraße wird nun noch begleitet von den großen Blutgefäßen und ein Stück weit von Luft- und Speiseröhre, schließlich von der gewaltigen Muskelsäule, die unlösbar mit dem ganzen Muskelmenschen verbunden ist. Aber es ist nicht nur ein äußeres Begleiten. Große Körperschlagader (Aorta) und Kopfschlagader laufen zunächst eng angeschmiegt, in der Halswirbelsäule von schützenden Knochenbögen umfangen; aber sie geben ihren Lebenssaft an Muskeln und Knochen ab, die ganz davon durchdrungen sind. Auch die Bandscheiben werden in der Aufbauzeit mit Blut versorgt, am stärksten im 2. Jahr; erst vom 4. Jahr ab sind sie ganz ohne Blut. Die Knorpelendplatten dagegen sind bis zum 20. – 24. Jahr vom Wirbelkörper her durchblutet, bis zum Ende der enchondralen Ossification (Knochenerneuerung). (Damit ist die jahrelang umstrittene verschiedene Zugehörigkeit der beiden sich funktionell völlig durchdringenden Gewebe endlich geklärt.)

Ein neuer Bluteingriff kommt bei der Degeneration der Bandscheibe. Aus der Umgebung brechen Gefäße herein und ermöglichen den Aufbau von Reparationsgeweben und knöchernen Hilfskonstruktionen. Erst wenn bei fortschreitendem Prozeß diese zur fibrösen oder knöchernen Ankylose (Gelenkversteifung) geführt haben, tritt wieder Ruhe ein; Randzacken usw. können wieder angebaut und die Gefäße reduziert werden. Es kann zur Blockwirbelbildung kommen, ähnlich der normalen jugendlichen Sakralisation. Wenn nur vereinzelt, wird diese Defektheilung schließlich kaum störend empfunden. – Die große Ähnlichkeit zwischen Erstaufbau und Entzündung ist ja auch sonst zu beobachten, am sichtbarsten beim Auge.

Muskelmensch und Individuum

Schließlich kommen wir zum großen Unbekannten: dem Muskelmenschen. Sein erstes Aufkeimen in den Myomeren (s. S. 50f.) haben wir oben betrachtet; als formale Nachfolger treffen wir unter den zur Wirbelsäule gehörenden Muskeln die von einem Wirbel zum nächsten ziehenden kleinsten Einheiten. Über diese unterste Schicht ziehen dann – einen und dann immer mehr Wirbel übergreifende Muskeln (Multifidi, Semispinales usw.) in immer neuen Schichten. G. Husemann hat sie in vier Stufen aufgezählt, weitere Stufen andeutend[8]. So entsteht zwischen den Dorn- und Querfortsätzen je eine massive Säule, die beim Athleten eine Furche in der Mitte der Muskelwülste sehen läßt, während beim Leptosomen die Dornkette vorspringt. Diese Doppelsäule kann aber nur strecken und verlangt ihren Gegenspieler: die Beugerkette der Vorderseite (Hals-Brust-Bauchmuskeln). So werden wir funktionell sofort aus dem engeren Wirbelsäulen-Bereich herausgeführt.

Für ein tieferes Verständnis des Muskels kann die äußere Gestalt nur den Ausgangspunkt abgeben; sobald er in Tätigkeit tritt, ist nicht mehr der einzelne, sondern der ganze Muskelmensch das „Individuum". Was beim fließenden Gleiten der Schlange, der Bewegungsharmonie einer Katze, ja selbst einer so extremen Gestalt wie der Giraffe so augenscheinlich ist, kann bei jedem gesunden Tier und auch beim Menschen gefunden werden. Freilich setzt sich dieses einheitliche Bewegungsorchester aus den vielen Einzelstimmen der Muskeln zusammen, aber entscheidend ist der innere Dirigent, der die Einzelkräfte in der Agogik des Ganzen untertauchen läßt. So hat man nicht den Eindruck einer Maschine mit vielen Hebeln und Rädchen, sondern weit eher eines kommunizierenden Flüssigkeitsgeschehens. Diese das Ganze zusammenfassende Gemeinschaftsleistung ist beim Tier und Kinde noch von selbst gegeben; Lust und Trieb tun da, was auf höherer Stufe durch Schulung erreicht werden soll. Wir haben oben schon erwähnt, wie ein Naturvolk seinen Kindern diese Einheit instinktiv zu erhalten verstand.

Erst der intellektuelle Erwachsene wird aus dieser Ganzheit Teilbewegungen heraus„stechen"; das kann verzerrt, krankhaft, vielleicht verlogen wirken. Und wenn so das einigende Band zerstört ist, sehen wir Erkrankungen des Bewegungsorganismus folgen. Aber der Mensch hat auch die Möglichkeit, diese Kommunikation wieder zu heilen. Der zusammenfassenden Kraft entspricht das menschliche „Ich", das in den Wärmeprozessen lebt. So spielt die Wärme ja auch in allen Heilverfahren für die Muskulatur eine führende Rolle. Das gilt nicht nur für die von außen (z. B. physikalisch) herangebrachte Wärme, sondern ebenso für die innere Anregung der Eigenwärme, etwa durch Übungen und Medikamente. In der Wirbelsäule wirkt die Ich-Kraft besonders in der Aufrichtung, die beim Gesunden mühelos gegeben ist, deren stufenweisen Verfall vom Seelischen bis ins Gelenkgeschehen wir schon betrachtet haben. So möchte man sie die „Ich-Säule" nennen.

Aber man muß sich klar sein, daß die ganze Fülle dieses Ich im Alltag des heutigen Menschen fast unbekannt ist; nur sein Schatten fällt als Egoismus allzu deutlich herein. Und doch sind alle großen

Taten nur durch dieses Ich möglich. Je mehr von dieser Ich-Kraft durch die ,,Ich-Säule" strömt, desto gesünder und leistungsfähiger ist sie. Als ein Mozart in wenigen Wochen den Don Giovanni schrieb, bald am Schreibtisch, bald am Spinett sitzend, fühlte er sicher keine Rückenschmerzen, obwohl er im Schaffensdrang kaum zum Essen und Schlafen kam. – Die Mutter, die auf der Reise stundenlang ihr schlafendes Kind vor sich hält, mit einem strahlenden Lächeln im Gesicht, spürt keinerlei Fehlhaltung. Aber kann man an der Werkbank, im Büro, seine Arbeit auch so lieben? Das fragt laut oder im Stillen die Jugend, die ein Leben ohne die große Ich-Erfüllung auf sich zukommen sieht. Die in der Tiefe rumorenden Kräfte ahnen in sportlichen und anderen Massenexplosionen wenigstens eine Augenblicksbefreiung und stürzen in den Rausch. Aus der Wucht der Entladung sollte das Drängende erkannt werden! Der Psychiater kennt die ungeahnten Kraftleistungen der Enthemmten, die man so schön ,,außer sich" nennt. Was geht hier vor? Sind das Wunder, Ausnahmen? Wie sind sie zu verstehen?

Die Muskulatur ist antagonistisch angeordnet, und alles Geschehen ist an die Zusammenarbeit eines Aktiven und eines dosierenden oder bremsenden Gegenspielers gebunden. Gleichzeitig ist es hormonal gesteuert (wobei der Antagonismus in den Inkreten – den von den innersekretorischen Drüsen abgegebenen Hormonen – substantiell noch einmal erscheint). Die Hormone spiegeln das Seelische, das ja auch in Polaritäten verläuft. Je intensiver der Mensch sich mit einer Tätigkeit verbindet, desto mehr kann die Bremsung, Hemmung zurücktreten. Alle Halbheit aber zaudert; verbraucht zwar viel Kraft, bringt aber keine Steigerung, keine Freude. Durch Übung kann man sich immer näher an das ungeteilte Wollen heranarbeiten; aber wie beim Vakuum sind die letzten Stufen immer steiler. Hier sind noch andere Wege zu suchen. Aus früheren Zeiten wird z. B. von den Berserkern berichtet, wie sie sich mit besonderen Praktiken zu außergewöhnlichen Taten anfeuerten. Kultische Tänze bei Derwischen und anderen suchten und suchen auf ihre Art die Menschen aus der antagonistischen Spaltung des Alltagszustandes in die Höhen der Einheitsleistung zu reißen – wie sie den Geisteskranken spontan wie ein Rausch überfallen können.

Suchte der Mensch in der Vergangenheit die Steigerung „außer sich“, so kann sie heute in der umgekehrten Richtung gefunden werden. Nicht ein rauschhaftes Toben der Muskeln, sondern die „Verinnerlichung im Sprachprozeß“ führt zur zeitgemäßen Erfüllung. Um das verständlich zu machen, muß zunächst auf eine diesem Wege entsprechende Untersuchung und Beurteilung des Muskels verwiesen werden. Die moderne Diagnostik hat sich ja mit Röntgen, Isotopen usw. von aller Anschaulichkeit entfernt. So intime Prozesse wie die Sprachentstehung lassen sich aber nur mit dem feinsten menschlichen Instrument, den durch Übung und Interesse gesteigerten *Sinnen* erfassen.

Jahrzehntelanges Ringen mit den Leiden der Wirbelsäule zeigte uns den Wert der Massage- und Bewegungstherapie (vor allem der Eurythmie): der Muskelmensch begann in vielen kleinen Schritten „durchsichtig zu werden, zu sprechen“. Zuerst verriet er seine Beziehungen zu den inneren Organen, dann begann das Schicksal des Individuums, ja seine ganze Biographie, durchzuschimmern; schließlich deutet sich das Sprachgeheimnis an. Diese Dreiheit soll zusammenhängend betrachtet werden. Beginnen wir bei den Phänomenen! Der gesunde Muskel (welche Seltenheit!) zeigt sich entsprechend seiner nahen Verwandtschaft mit dem Blute: warm, locker-elastisch, bis in alle Tiefen weich durchtastbar, schmerzfrei. In diesem jugendfrischen Zustand ist er fast nur in der Kindheit. Auf dem Schicksalswege des Älterwerdens pflegen schrittweise alle die positiven Eigenschaften zu schwinden, ja sich in ihr Gegenteil zu verkehren. Aber an jeder Station kann auch der therapeutische Umschwung wieder einsetzen. Durch die Erneuerungskräfte des Blutes, die in der Jugend rasch, beim Greise viel zäher sich aktivieren lassen, werden die verfestigten „Gletscher“ wieder aufgelöst. Der tastende Finger fühlt den unelastischen Muskelstrang, die harte Platte an einzelnen gesetzmäßigen Stellen wie brüchig werden, oft mit deutlichem Krepitieren. Das nun beginnende Zerfallen in immer kleinere „Eisbrocken“, bis zum Körnig-Sandigen, das sich auch noch auflösen will, ist für den Patienten mit vielen Heilwirkungen verbunden. Diesen Schicksalsaugenblick kann man nicht besser bezeichnen als: Beginn eines Sprechens oder Singens der

Muskeln. Zusammenhänge, die vorher schwiegen, beginnen sich zu offenbaren. Eins der Instrumente im großen Orchester hat sein Wort wiedergefunden; es wird seine Umgebung zum Mitspielen überreden und so mit Gesundheit anstecken. Das Streben nach der Ganzheit ist dem Muskel eingeboren und erwacht mit ihm aus der Lethargie.

Diese Heilwirkung geht als erstes zu den benachbarten Gelenken; die Wirbelsäule beginnt wieder zu spielen. Ein längst vergessenes Gefühl der Freiheit, des Strömens, der Leichtigkeit trägt den ganzen Menschen. Ob dieses Glück nur kurz anklingt oder schon von gewisser Dauer sein kann, hängt davon ab, wie gut der Weg schon gebahnt und wie stark die Strömung ist; oft gelingt es erst nach mehreren Jahren intensiver Therapie. Daß aber Menschen so lange Ausdauer haben, ist nur dadurch möglich, daß sie schon auf den ersten Stufen jeweils etwas von der Tragkraft spüren oder ahnen.

Im einzelnen ist die Reihenfolge des Freiwerdens am häufigsten so: die Stoffwechselregion des rechten mittleren Rückens eröffnet den Reigen, die linke Gegenseite schließt sich an; später folgen die beiden Seiten der Halswirbelsäule. Jeder Abschnitt hat seine Eigenschaften. So weist der rechte Rücken diagnostisch wie therapeutisch nach Magen, Darm, Leber, Galle und allen dazugehörigen Organen, die ja alle eng mit dem menschlichen Willensleben verbunden sind. Die Funktionen sowohl der Aufnahme (z. B. Appetit) wie der Ausscheidung – Stuhlgang – energisieren und rhythmisieren sich, werden beschwerdefrei. Eine häufige Folge der Gallenbefreiung ist dabei ein kurzer Gewichtsanstieg, der sich dann aber nach dem Mittelmaß einpendelt.

Zum linken Rücken gehört das rhythmische Gebiet von Herz und Kreislauf. Schon bei den ersten Erleichterungen des Strömens im Rücken mildern sich Herzsensationen, etwa Schmerzen und Beklemmungen. Aber der ganze Berg von Müdigkeit und rascher Erschöpfbarkeit weicht doch erst, wenn der „Herzpunkt" (etwas links von D 10) sich eröffnet, oft mit Geburtswehen. Seelisch zeigt sich das in einem neuen Gefühl für die Zeit: man läßt sich nicht mehr hetzen, weil man sich und andere auch nicht mehr hetzt; man kann alles besser einteilen, ruht in sich selbst. Wie die Herztätigkeit ja unermüdlich sein muß, hat man bei der nun geliebten Arbeit auch oft das Erlebnis der Unerschöpfbarkeit. – Noch umfassender werden die Heilwirkungen, wenn auch die Halsregion befreit werden kann. Eine wichtige Vorstufe davon sind die beiden Trapeziuswülste auf den Schultern, die oft wie hindernde Barrieren das freiere Muskelspiel des Rückens nicht nach oben lassen. Sind sie sehr massiv und fest, so spiegelt sich das in depressiver Stimmungslage; parallel mit der Auflockerung wächst der Mut und schließlich die Heiterkeit. Nach *Head* suchen wir hier eine Beziehung zur Atmung und finden z. B. bei Asthma auch besonders starre Muskeln. Weniger bekannt ist die Wirkung auf die Stimme, die von hier aus freier werden kann und so das Seelische ungetrübter wiedergibt.

Das ganze Heer aber der Kopfbeschwerden, vom Schmerz bis zur Stumpfheit, hat seinen therapeutischen Ort neben den Halswirbeln, mit deutlicher Beziehung zu den entsprechenden Rückenseiten; d. h. ein Fortschritt einer Rückenseite bringt auch die dazugehörige Halsseite voran – oder umgekehrt. Denn manchmal (oft bei geistig regsamen Menschen) geht die Halswirbelsäule voran und zieht den Rücken nach, die Befreiung beginnt von oben nach unten. – Man kann in der Halswirbelsäule die Zusammenfassung des ganzen Menschen finden: Leben und Tod sind hier nahe beieinander, aber auch Bewußtsein und Schlaf. So bessern sich auch Schlafstörungen mit zunehmender Auflockerung der „Halsstarrigkeit". Das Verhältnis zwischen Ich-Behauptung und Anpassung wird dabei entkrampft und eine nicht mehr zerstörende Selbstkritik ermöglicht. Solche Läuterung ist aber beim Erwachsenen nicht mehr leibgebunden: er kann sich durch erworbene Reife aus den Schicksalsgrenzen herauslösen und die Überwindung mindestens einleiten. Vergleichbar zu Beethovens Taubheit, die ihn wohl schmerzlich treffen konnte, aber sein Schaffen auf eine desto höhere Ebene erhob.

Das Schicksalsbuch des Muskelmenschen wird im Heilprozeß lesbar, indem Seite um Seite der kränkenden Inschriften aufgelöst wird. Dabei ist nicht nur deren Ort bedeutsam, sondern auch die zeitliche Reihenfolge. Ob die Aufhellung von unten oder von oben beginnt, ob rechts – das ist in der Stoffwechselregion – oder „paradox" in der linken Rückenseite, das kann sehr aufschlußreich werden. So ist die paradox genannte Verlaufsform suspekt auf Präkanzerose, d. h. eine Krankheit, die zum Krebs führen kann, die sich außerdem in einer besonders schlaffen Beschaffenheit der Muskeln (am deutlichsten in den Waden) zeigt. Krankheit, Leiden, Schicksal begegnen dem Menschen zuerst als dunkles Rätsel. Im Aufsuchen der vielseitigen Zusammenhänge kann es zu sprechen beginnen, und das will schließlich zum Durchschauen des Schicksals, zur Erkenntnis führen. Die verfluchte Schlange wird, wieder aufgerichtet, zum Heilszeichen. Wer dabei helfen will, möge bei Chiron, dem Kentauren, Rat suchen. Denn der Tiermensch vereinigt Fluch und Aufrichtung in den beiden Richtungen seiner Wirbelsäule. Die Einwirkungen des Reiters auf sein Pferd, die man so schön „Hilfen" nennt, sind *Sprache*. Es „spricht" der höhere Teil des Menschen mit seinem zurückgebliebenen und hebt ihn allmählich herauf.

Zusammenfassung

1. Aufbau der Wirbelsäule von der Chorda bis zu den knöchernen Wirbeln, wobei die Myomeren (Muskeln) zuerst entstehen. Stufenweise Aufrichtung, Erwerb der charakteristischen Krümmungen und Fähigkeiten (Strampeln, Krabbeln, Gehen). Gleichzeitig entwickelt sich aus dem ungezielten Tönen Sprache und Gesang, in denen aus dem allgemeinen Bewegungsstrom ein Teil nach oben gerichtet wird. Damit ist auf eine Strömung gewiesen, deren Störungen zu Müdigkeit, Haltungsschwäche, schließlich aber zu Verhärtungen und Degeneration führen. Die Stufen dieses pathologischen Geschehens werden biographisch betrachtet, von der Schulmüdigkeit bis zum Bandscheibenvorfall usw.
2. Im räumlichen Aufbau zeigt die *Knochen-Gelenksäule* ein stetig abgewandeltes Gleichgewicht zwischen Schwere- und Leichtekräften; das *Rückenmark* betont die Leichte- oder Lichtseite, die sich pathologisch zum Schmerz wandelt. – Das Blut, die Säule begleitend und teilweise durchdringend, spielt beim Erstaufbau und bei

den osteo-arthrotischen Reparationsprozessen (Wiederherstellung bei Knochen- und Gelenkentzündung)seine unendlich vielseitigen Rollen. In abgewandelter Form ist es auch im Muskelmenschen tätig, der als Bindeglied zwischen Seele und Bewegungsorganismus die Inschriften des Schicksals aufnimmt. Beim Heilvorgang beginnen sie wieder zu „sprechen“ und sagen dabei viele Zusammenhänge aus, so über die inneren Organe, den Lebenslauf, Krankheitszustände und -veranlagungen.

Literatur

1 Schmorl, G.: Über Knorpelknötchen an den Wirbelbandscheiben, Fortschr. Röntgenstr. 40. 1929.

2 Schmorl, G. und Junghanns, H.: Die gesunde und kranke Wirbelsäule in Röntgenbild und Klinik. Stuttgart 1953.

3 Reischauer, F.: Wirbelsäulen- und Bandscheiben-Schäden. Therapie-Woche 3/1957.

4 Blechschmidt, E.: Der menschliche Embryo. Verlag Schattauer, Stuttgart.

5 Töndury, G.: Entwicklungsgeschichte und Fehlbildungen der Wirbelsäule. Hippokrates 1958.

6 Ecklin: Die Altersveränderungen der Halswirbelsäule. Springer Verlag 1960.

7 Steiner, R.: Die Weltgeschichte in antroposophischer Beleuchtung und als Grundlage der Erkenntnis des Menschengeistes. 9 Vorträge (GA 233) (1923/24). Rudolf Steiner Verlag, Dornach/Schweiz 1980. 5. Vortrag, Seite 218 ff.

8 Husemann, G.: Die Dynamik der Aufrichtekraft. In: Beiträge zu einer Erweiterung der Heilkunst nach geisteswissenschaftlichen Erkenntnissen, hrsg. von Gesellschaft Antroposophischer Ärzte, Stuttgart, Nr. 2/1965, Seite 46–51.

Der menschliche Kopf in Freud und Leid

Unser Kopf ist ganz auf Wahrnehmung eingestellt. So müssen sich Wohl und Weh, Gesundheit und Krankheit hier ganz besonders deutlich äußern. Um seine Leiden zu verstehen, wollen wir ihn erst einmal in gesunden Tagen beobachten. Daraus kann sich dann Hilfe ergeben für jene vielen Schmerzen.

Wie das Leben die Erdenspeise verlangt, so würde der Kopf erlöschen ohne die Köstlichkeiten, die durch alle Sinnestore in seine dunkle Zelle hereinstrahlen. Wenn ein neuer Mensch „das Licht der Welt erblickt" (Auge), wenn er die erste Luft (Nase) und später Milch (Mund) einsaugt, so betätigt er lauter Organe des Kopfes. Im Sterben erlöschen diese Tätigkeiten auch wieder am deutlichsten hier, wo sie angefangen haben. So zeigen Leben und Tod gleich ihre starke Beziehung zum Haupte. Aber auch im täglichen Erwachen und Einschlafen spielt sich hier der Wechsel des Bewußtseins ab. Nirgends sonst sind wir so wach. Gerade der neugeborene Mensch zeigt, wie diese Wachheit erst allmählich erworben wird: im gleichen Maße, wie der Kopf in vielen Schritten der Aufrichtung sich aus der Ebene des Schlafes erhebt. Das Tier vollbringt dieses Erheben viel weniger als der „An-thropos", der „nach oben Schauende", wie der Grieche Platon den Menschen benannte. Ja, jede Tierstufe hat den ihr zustehenden Grad der Erhebung.

Eine Tiergeschichte aus dem Osten soll uns das zeigen. Wenn der Mungo, ein wieselflinkes Raubtier, seine Urfeindin, die Klapperschlange, entdeckt hat, kümmert er sich gar nicht um die vielfache Überlegenheit ihres Riesenleibes, der viel größere Tiere zerquetschen kann. Diesen Athleten ignorierend, sucht er blitzschnell als einzigen Gegner ihren Kopf, der auch schon abwehrend auf ihn zustößt. Das spannende Auf und Nieder der beiden sich wütend fixierenden Köpfe – in Indien eine beliebte Volksbelustigung – endet so gut wie immer mit einem tödlichen Zupacken der kleinen Raubkatze, die ihren „Goliath" rascher am Genick erreicht hat. Denn Säugetiere haben ein sauerstoffreicheres Blut und damit eine hellere Wachheit als die dumpf träumenden Schlangen, die selbst im Kopf nur teilweise gereinigtes Blut haben, etwa wie wir in manchen Eingeweiden (Pfortaderblut). Das Miterleben dieses Sieges aber gibt den Zuschauern eine Ahnung ihrer Überlegenheit über jenes mythische Tier, das den Kopf nicht über den Erdboden erhoben hat. Im Vergleich mit der Schlange kann man das menschliche Bewußtsein als ein aufgehelltes, durchlichtetes verstehen, und so kommen wir hier bei der Betrachtung der Wirbelsäule zu dem alten Heilszeichen der aufgerichteten Schlange.

Das menschliche Gehirn, das eigentliche Bewußtseinsorgan, unterscheidet sich von allen anderen Teilen unseres Leibes durch seine völlige Unbeweglichkeit. Wie ein Gelähmter ist es darin – und noch in anderer Beziehung – auf den übrigen Körper angewiesen. Und dieser scheint das Ruhebedürfnis seines vornehmen Patienten sehr zu respektieren, denn bei allen Bewegungen wird stets der Kopf am wenigsten mitbewegt (Zeitlupenaufnahmen bei Akrobaten zeigen das am augenfälligsten!). Eine Arbeit, wie sie der Specht z. B. mit seinem Hammerkopf vollführt, wäre für uns verderblich. Zudem ist das Gehirn noch mit einem stoßdämpfenden Flüssigkeitsmantel umhüllt; wird dieses „Hirnwasser" aus ärztichen Gründen abgelassen, dann muß der Patient bis zu dessen Erneuerung einige Tage ruhig liegen, weil jede Erschütterung gefährlich wäre: es würde gleich eine Gehirnerschütterung, ja -zerquetschung erfolgen.

Die Empfindlichkeit hiergegen ist auch beim Gesunden außerordentlich verschieden; vielleicht spielt Federung durch die Wirbelsäule, besonders des Halses, eine große Rolle.

Dieser oberste Teil der Wirbelsäule hat ganz besondere Bedeutung für den Kopf. Er besteht aus 7 Halswirbeln von stetig wechselnder Gestalt. Auch der Riesenhals einer Giraffe hat nicht mehr, und das kurzhalsige Mäuschen hat genauso diese Siebenzahl von Knöchlein. Aber der menschliche Hals befindet sich als einziger in der Senkrechten und balanciert also seinen Kopf, der bei den Tieren mit Muskel- und Bänderkräften gehalten werden muß. Die Wiederkäuer z. B. tragen ihn mit einem starken elastischen Band aufrecht, das im Tode den Kopf heftig nach hinten reißt; mancher Ahnungslose hat sich etwa am Rehgehörn verletzt, wenn er versuchte, den Kopf nach vorn zu ziehen, der dann zurückschnellte.

Einzig der menschliche Kopf muß sich also mit der Schwere nur dadurch auseinandersetzen, daß er sie dem Hals übergibt. Und der begegnet ihr mit dem obersten und interessantesten aller Wirbel: dem Atlas! So heißt er seit Urzeiten, nach jenem Riesen der Mythologie benannt, der das ganze Weltgebäude auf den Schultern trug. Eine zierliche Knochenspange, ganz auf fein abgestufte, frei spielende Balance-Bewegungen gebaut. Das Ausmaß dieser Bewegungen ist freilich auch größer als an irgend einer Stelle der ganzen Säule, die nach unten immer stabiler, aber auch starrer werden muß. Wir können die nickende Ja-Bewegung, das verneinende Drehen (in Kleinasien soll es umgekehrte Bedeutung haben!) und noch eine dritte Seitwärtsbewegung unterscheiden, aus deren Mischung sich alle Kombinationen ergeben. Mitten durch den Atlas führt der Rückenmarksstrang, der an dieser Stelle empfindlichste Zentren enthält. Der Tod beim Erhängen tritt durch eine Verletzung hier sofort ein. „Aion“ benannten die Griechen das Mark; das hieß zunächst Leben, dann Lebenszeit und schließlich Ewigkeit!

Einige Worte Platons (aus dem „Timaios“) mögen diese Ausführungen abschließen. „Der vornehmste Teil unserer Seele wohnt, wie ich sagte, im Gipfel unseres Leibes und hebt uns zu unserer himmlischen Verwandtschaft empor, weil wir kein irdisches, sondern ein himmlisches Gewächs sind . . . Den Bewegungen des Göttlichen in uns und seinem Denken verwandt ist, was das All denkt, und wie es sich bewegt . . . und wir sollen die Bewegungen in unserem Haupte . . . in Ordnung bringen, indem wir das harmonische Kreisen des Weltalls begreifen.“

Ziel dieser Betrachtungen soll es sein, Heilung für die unsäglichen Schmerzen und Leiden zu suchen, die als gewöhnliche Kopfschmerzen, als Migräne, Neuralgie, als Entzündungen oder andere Krankheiten so viele Menschen heimsuchen. Daß die betäubende Medizin dem lichtsuchenden Wesen des Hauptes entgegenwirkt, kann erlebt oder aus unserem Gedankengang erschaut werden; sie kann also nicht eine echte Befreiung bringen. Alle Bewußtseinsdämpfung geht ja in der gleichen Richtung wie die Krankheit selbst.

Wir müssen tief in den Schatz unserer Beobachtungen hineingreifen, um den wesensgemäßen Heilweg zu finden. Wenn das Hirn schon im normalen Dasein ein so abhängiges Wesen ist, muß ihm, dem „Wahrnehmer", auch die Krankheit und die Hilfe auf diese Art zukommen. „Woher kommt mein Kopfweh?" In den meisten Fällen aus den Füßen und dem Stoffwechsel (z. B. dem Darm). Die Stagnation in den unteren Regionen und Funktionen wird zunächst nur wahrgenommen, und das bedeutet Schmerz. Betäubt man dann den Warner, so hat der Dieb freie Hand, das feine Organ immer tiefer zu schädigen: es kann zur Erkrankung der Kopf-Organe selbst kommen. Aber auch dann bewährt sich der Wahrnehmungsweg für die Hilfe. Jede Belebung der Füße, sei es durch Bewegung oder Wärme, hilft zur Auflösung des Verhängnisses, und es ist meist nur eine Frage der liebevollen Ausdauer, ob man auch alle Beschwerden los wird.

Da fast jedes Kopfleiden eine jahrelange Entwicklung hat, bis auch nur die ersten spürbaren Anzeichen auftreten, kann die Heilgesinnung und Ausdauer nur aus Erkenntnis der Zusammenhänge und Liebe zur Heilung entwickelt werden. Einige Grundsätze mögen den Weg weisen: „Der kürzeste Weg zum Gehirn geht über die Fußsohle", oder „Der Fuß ist das Vorzimmer des Kopfes". Beispiel: das durch Senfmehl verstärkte Fußbad bei Kopfweh; der Meerettich-Sohlenwickel besonders bei Sinusitis (Nasennebenhöhlenentzündung). Dabei wird 1 Teelöffel frisch geriebene Meerettichwurzel im Taschentuch auf die Mitte der Sohle gebunden (im Sommer kann man statt dessen das Blatt um den Fuß wickeln, die Wirkung ist gelinder); Empfindliche nehmen weniger oder wechseln den Fuß. Diese Anwendung wird am besten über Nacht vorgenommen, weil die Schwefelkräfte dieses urkräftigen Kreuzblütlers den Schlaf fördern. Wenn man bedenkt, daß der Zustand der Fuß-Lebendigkeit mit den Funktionen des Stoffwechsels und Unterleibs Hand in Hand geht, so leuchtet es ein, daß auch von dort her die Befreiung des Kopfes gesucht werden kann. Die Ausdauer soll nie starr und einseitig, fanatisch sein, sondern vielseitig, phantasie- und liebevoll. Der „blöde" Kopf hat doch seine Pflicht getan wie ein guter Wachhund, der Schmerz soll uns vor Schlimmerem bewahren!

Erst, wenn man ihm danken kann, hat man die richtige Einstellung gefunden.

Nachdem wir so die Richtung des Heilweges aus der Wahrnehmungsnatur des Kopfes abgeleitet haben, wollen wir nun auch unsere anderen Beobachtungen zur Hilfe herbeiholen. Schon manchem Leidenden hat das Bild des kühnen Mungo geholfen, der im Gefühl seines hellen Bewußtseins dem Gegner ins Auge schaut: „mag er sovielmal stärker sein als ich" – meine Erkenntnis ist am Ende entscheidend!" Diese Erkenntnis freilich muß gepflegt und entwickelt werden; die hier genannten Bausteine sind nur Beispiele und wirken umso mehr, je aktiver sie vom eigenen Bewußtsein erworben werden. Platons Mahnung, „das All zu denken", ist keine schöngeistige Floskel, sondern weist den Weg zu den tiefsten Kräften und damit auch Heilkräften des Menschen.

Der uns am nächsten stehende Teil des Alls ist die Ganzheit unserer Organisation, die uns unsere Gliedmaßen im äußeren Raum bewegen, in der Sprache den seelischen Verkehr mit anderen Wesen und in der Bewußtseinstätigkeit alle Räume übergreifen und beherrschen läßt. Das heutige „Denken" ist meist nur ein Schatten davon. Leiblich betrachtet, stützt es sich fast nur auf den Kopf, während ein Ganzheitsdenken auch aus dem ganzen Körper, bis in die Füße kommt. Dieses Denken kann nie herzlos sein, hat es doch seinen Kraft-Mittelpunkt im Herzen . . . im Kopf kommt es nur zum Bewußtsein. Nun ist aber unsere ganze Zivilisation auf dieses Kopfdenken gebaut, so daß es eine wichtige pädagogisch-ärztliche Aufgabe ist, das passive Oberflächenbewußtsein wieder erlebnisfähig zu machen. Immer wenn das Denken mit dem Willen, mit Gebefreude und Opfergesinnung durchdrungen wird, kommen die Tiefenkräfte ausgleichend dazu. Der „ganze" Mensch wird wieder tätig. So kann er auch die anderen Ganzheiten erleben in irdischen und himmlischen Landschaften, in Natur, Kunst und Religion.

Als ich einmal die herrliche Hochgebirgslandschaft vor dem Fenster eines Bekannten bewunderte, sagte er trocken: „Ach ja, die Berge sehen mich an, ich sehe die Berge an – wir haben uns nichts zu sagen!" Versucht dagegen ein solcher Mensch in Farben, Worten oder Tönen das Gesehene wiederzugeben, so fängt er bald an, aktiver wahrzunehmen. Auf einmal hat selbst eine Wolke viele Farben, die Pflanzen beginnen zu sprechen, er ist nicht mehr allein.

Wessen Bewußtsein im Umgang mit der Maschine „versteppt" ist, z. B. der Autofahrer, sollte bei der Rast sich in ein Pflanzenblatt versenken. Nicht nur die äußere Form, sondern das ganze Lichtgeschehen, die Zwiesprache mit dem Himmel . . . das ist alles Balsam für das einseitig strapazierte Nervenbündel! Denn der äußeren Unbeweglichkeit des Gehirns entspricht die allergrößte innere Aktivität, die ihr Ziel in jener „himmlischen Verwandtschaft" findet, den Erdenweg dahin aber in der Belebung sträflich vernachlässigter geistiger wie leiblicher Funktionen suchen muß.

Die ursprüngliche Bewegungslust der Beine ist heute in tragischer Rückentwicklung, was schwerwiegende Folgen für Gesundheit und Glück des ganzen Menschen hat. Statt einer Fußtemperatur von 30 – 33° C haben vor allem die Frauen heute oft 5 – 10 Grad weniger, und dies Defizit wirkt verheerend auf den Kopf. Wie die Orthopäden nachgewiesen haben, daß sich Senkfüße in „statischen Kopfschmerzen" auswirken, so muß auch die Muskelstarre des Kaltfußes über die Rücken- und Halsmuskulatur (denn der Muskelmensch ist eine Einheit!) bis in den „Gipfel" hinauf ihre Lähmung ausstrahlen. Und wahrlich, wer die Halsmuskeln der Kranken untersucht, der findet Verkrampfung, Starre und ein wahres „Wespennest" von verborgenen Schmerzen an der Stelle, wo das freieste Bewegungsspiel sein möchte! Zarte Beruhigungsstriche (Kinder können das oft sehr gut) oder vorsichtige Lockerungsbewegungen bringen oft Hilfe für den Augenblick; aber erst die Reinigung dieses Augiasstalles befreit endgültig von den seelisch-leiblichen Überempfindlichkeiten. Dabei sind nun Menschen noch am besten dran, die mit Erkältungen – vom Schnupfen bis zur Grippe – reagieren und in dieser Katharsis (Reinigung) wenigstens einen Teil der Starre auflösen können. Eine wirklich bis zur Lösung geführte Erkältung (oft nur mit ärztlicher Hilfe) ist für den Kopfleidenden ein Glück! Wie nach einem tüchtigen Gewitter ist danach die Atmosphäre befreit und neue, klare Gedanken können in Fülle sprießen. Leider neigen viele Kopfpatienten sehr wenig zu Erkältungen. Oft hat man den Eindruck, daß ihr Leiden deshalb so „hartnäckig" ist, weil dieser buchstäblich harte Nacken nicht durch Katarrhe aufgelockert wird. Ähnliches hatten wir bei Betrachtung der „Wirbelschäden" festgestellt.

Das verhärtete Genick hat noch eine besonders verhängnisvolle Einwirkung auf den Schlaf. An der gleichen Stelle, wo das Leben und der Tod so eng benachbart sind, ist auch der Übergang in den Schlaf zu suchen. Und wenn hier „Halsstarrigkeit" das freie Muskelspiel ertötet hat, dann gelingt *dieser* Grenzübertritt auch nicht mehr spielend, wie in der Kindheit. Solchen Patienten helfen oft warme Kompressen, die freilich oft erneuert werden müssen. Dabei können dem Wasser noch einige Tropfen Rosmarinbadezusatz beigefügt werden.

Eine andere Störungsrichtung kommt vom Verdauungsgebiet (Darm, Magen usw.) über den vorderen Hals nach oben und wirkt sich in Benommenheit oder Schmerzen der Stirn und Schläfen aus. Außer der Behandlung des Grundleidens ist hier bei der häufigen „Morgen-Verdüsterung" eine kurze Waschung der Fußsohlen mit Rosmarinwasser zu versuchen (einige Tropfen Rosmarinbadezusatz auf den feuchten Waschlappen).

Fassen wir zusammen: In gesunden und kranken Zeiten ist der Kopf ein getreuer Spiegel der Zustände im übrigen Körper. So kommen ihm auch aus diesem Grund die Heilwirkungen zu; besonders deutlich von den Füßen her, die den längsten Hebelarm haben. Die Heilmaßnahmen selbst konnten nur in Andeutungen gegeben werden, weil sie ja meist individuell gewählt werden müssen. Nur ein allgemein beispielhaftes Kopfheilmittel der Weleda sei hier als Quintessenz unserer Betrachtungen genannt: das Biodoron, das die Heilkräfte von Schwefel, Eisen und Quarz in sich vereinigt. Der Schwefel entspricht den unteren Kräften des Stoffwechsels, das Eisen dem atmenden Wesen der Mitte, und der Bergkristall ist dem Lichtwesen des Hauptes verwandt. Jede Kopfheilung muß aufgebaut werden aus den drei Weltreichen, die im Menschen zusammenwirken und die wir in den Kräften der Füße, der Wirbelsäule und des Kopfes zu zeichnen versuchten.

Der Fuß – sein Verfall und seine Wiederbelebung

Die Ärzte müssen heute alarmierende Feststellungen über den Verfall des menschlichen Fußes treffen. Hier soll versucht werden, auf zwei Fragen einzugehen: Wie entsteht dieser Verfall? Und was kann man dagegen tun?

Viel können wir über das Wesen des Fußes gewinnen aus der Bildersprache des Märchens. Im „Gevatter Tod" sehen wir Fuß und Haupt gegenübergestellt. Hier Leben – dort Tod! Steht der unheimliche Gevatter bei den Füßen, d. h. an der Quelle des Lebens, dann kann der Kranke nicht genesen, sein Lebenslicht ist am Versiegen.

Das Rätsel dieses Abstiegs kann sich erhellen aus der Betrachtung des Kindes. Dem Säugling ist der Fuß ein köstliches Spielzeug: er greift ihn mit Hand, Mund und Auge, streckt ihn jubelnd dem Himmel entgegen. In vielen Stufen wendet er ihn dann der Erde zu, stützt sich darauf, hält sein Gleichgewicht – eine Leistung, wie wenn wir uns auf einer Turmspitze aufrichten – und schreitet schließlich frei dahin. Jauchzend stürmt der Erdenbürger voran; er hat die erste Eroberung gemacht, die ganze Erde ist sein. Keine Weltreise kann dies Ereignis überbieten.

Dieses Stadium der Lust dauert nur wenige Jahre, dann treffen wir das Kind – besonders das Stadtkind – auf der ersten „Prothese", dem Roller. Der Weg über die Erde ist reizlos geworden, der tote Boden eignet sich mehr für das Rad als den schmiegsamen Fuß.

Was ist geschehen? Wodurch ist das liebevolle Gespräch des kindlichen Fußes mit „Mutter Erde" so verblaßt? Hier ist die Kernfrage! Denn diese Unlust führt mit eiserner Konsequenz bis zur Unfähigkeit; der trockene Mühlbach dreht keine Mühle mehr und sie muß verfallen.

Hier müßte vieles geschildert werden: wie sich die ganze Last der unfrohen, gehetzten Erwachsenenwelt auf das zarte Gemüt der Kleinen wälzt, wie eine entseelte, bildlose Maschinen-Gespenster-Umgebung statt des verlorenen Paradieses sich auftut; wie schließlich die Pädagogik oft mehr die Züge des „Bethlehemitischen Kindermordes", eines Er-stoßens als Er-ziehens trägt . . .

Niemand soll hier angeklagt werden, nur die Unwissenheit unserer kindfremden Zeit, in der irrende Ältere alles ihnen einst angetane Unrecht fühllos weitergeben an die nächste Generation.

Kehren wir zum Fuß zurück! Seine Erlebnisse werden immer dürftiger, die „Prothesen" vom Roller zum „motorisierten Untersatz" befriedigen nur als Sensation. Bald landet das innerlich leer gewordene Kind vor dem Fernsehschirm. Die brachliegende Phantasiekraft wird in die Illusion „vorgespiegelter Tatsachen" gezerrt und bleibt mit ihrem Hunger dort verhaftet. Wenn dieser „Selbstmord" lange genug wirkt, werden seine Taten anschaubar: neben vielen Störungen an Seele, Nerven, Augen, ja Zähnen gibt es die sogenannten „Fernsehbeine", d. h. Verkümmerung in Wuchs und Bewegungsfähigkeit. Gevatter Tod hat durch den Kopf bis ins Leben der Beine gegriffen, hat sie ausgehöhlt. Jeder kann sich von dieser Wirkung überzeugen, wenn er nach anspannender Autofahrt nicht nur müde wird, sondern halblahm aus seiner Prothese klettert und erst nach einigen lächerlichen Bewegungsversuchen seine „Stelzen" wieder beherrscht. Die Augen-Anstrengung hat sie wie ausgesogen. Der wachsende Organismus kann das kaum mehr ausgleichen.

Was hier für den extremen Fall geschildert wurde, gilt aber für das ganze technisierte Dasein. Man muß nur die Fußleistungen unserer Vorfahren oder noch unverbrauchter Völker dagegenhalten, um wieder den Maßstab zu finden. Fußmüdigkeit ist da so unbekannt wie der Formverfall (Plattfuß usw.), der bei uns die Regel ist.

Das Knochenskelett des Fußes bildet ein elastisches Gewölbe, auf dem der federnde Gang basiert. Ein gesunder Fuß rafft sich bei Belastung, er verkleinert seine Grundlage durch das Anspringen der tragfreudigen Muskeln (besonders der Wade). Bei uns fällt das Experiment meist umgekehrt aus: er quillt wie ein Brei auseinander. Die Schwerekräfte dringen unverwandelt ein und zerstören die Form. Senk-, Knick-, Spreizfuß auf der einen, der Hohlfuß auf der anderen Seite entstehen.

Noch andere Außenkräfte brechen ungehindert ein, z. B. die

Kälte. Die Folgen zeigen sich in Störungen an vielen Organen bis hinauf zu den Nasennebenhöhlen.

Sobald die lebendige Form des Fußes zerbrochen ist, tritt an die Stelle der Elastizität eine zunehmende Erstarrung. Damit ist das Ende des Abstiegs erreicht: das Gehen wird immer mehr zur Qual, wenn nicht gar unmöglich. Schmerzhafte Hornbildungen, Fußpilz, Krampfadern und manches andere können hier oder auch in früheren Stadien dazutreten. Sie alle fordern eine zentrale Wiederbelebung.

Das heilende Bemühen muß stetig und vielseitig sein; es sollte den ganzen Menschen bis in die geistige Zielfindung umfassen. Beginnen wir bei dem Endzustand, der am häufigsten Hilfe sucht. Hier sind Umschläge mit Zusatz von Arnika-Essenz (20 %) oder Symphytum hilfreich gegen Schmerz der einseitig überanstrengten Muskeln und Bänder. Die gleichen Mittel können auch als Salbe gegeben werden, wirken dann aber nicht so stark auf den Blutumlauf. Bei Stauungen und Krampfadern ist das Weleda-Hauttonikum zu empfehlen (mit einem Kupferzusatz ist es in Apotheken unter der Bezeichnung „Lotio Pruni comp. cum Cupro" erhältlich). Für die peinigenden eingewachsenen Nägel, Hornschwielen, Hammerzehen bringt oft eine nachts darübergestülpte Zitronenschale rasche Linderung. Gegen Schweiß, oft übelriechend, sind Fußbäder mit Eichenrinde-Abkochungen eine gute Hilfe. Gut ist auch Weleda-Fußbalsam, eine fettfreie Creme mit adstringierenden balsamischen Harzen und entzündungswidrigen Heilpflanzenauszügen, die bei regelmäßiger Anwendung den Füßen Erleichterung schafft.

Wenn beim jüngeren Menschen zuerst die Federkraft des Fußes nachläßt, so daß er bei Anstrengung Schmerzen spürt, können auch ihm Umschläge hilfreich sein. Die Kräfte des Wäßrigen, z. B. als nächtlicher Fußwickel, bringen den geplagten Diener aus den physisch deformierenden Kräften in die regenerierende Dunsthülle, an die embryonale Aufbauzeit anknüpfend. Man kann dabei den Umschlag jeweils nur an einem Fuß machen, die nächste Nacht dann am anderen: das Erlebnis eines erfrischten und eines noch müden Beines ist erzieherisch!

Wichtiger als diese gewiß eindrucksvollen Hilfen aber ist in der

Jugend die Wiederbelebung der Bewegungsfreude. Die Natur mit ihrem lebendigen, abwechslungsreichen Gelände kann im Urlaub helfen. Wo immer man die Möglichkeit findet, im weichen Sand, auf taufrischem Rasen oder elastischem Waldboden barfuß zu gehen, sollte man den Füßen diese Wohltat erweisen. Alle Elemente wollen ihnen da begegnen: der Widerstand des härteren oder elastischeren Erdbodens, das belebende Feucht-Frische des Wassers, das atmende Spiel der Lüfte und schließlich Kühle oder Hitze von außen im Wechselgespräch mit der inneren Bewegungswärme. Aber echte Hilfe muß heute bis in den toten Raum der Stadtwüste gebracht werden; die Lustlosigkeit schon des kleinen Kindes ist das Fanal hierzu!

Seit Jahrhunderten nehmen Maschinen dem Menschen immer mehr Arbeit ab. Für unseren Unterhalt ist die körperliche Bewegung nur noch in geringem Maße notwendig. Was er hier verloren hat, kann der Mensch reichlich wiedergewinnen in der seelischen Ausdrucksbewegung, die aus der inneren Einheit geboren ist und dadurch den toten Raum wie die gestorbene Zeit mit neuem Leben erfüllt. Der Weg dahin ist die Eurythmie, die vom 3. Lebensjahr an den Erdenbürger begleiten will, die auch dem Fuß wieder einen Sinn und Inhalt geben kann und ihn damit in seine Rolle als Lebensquell und Stütze des Bewußtseins einsetzt. So kann er wieder ein frohes Gespräch mit der Erde führen und in diesem Tun allen Fremdgewalten trotzen.

Der Unterschenkel – ein wenig beachteter therapeutischer Ort

Ausgehend von dem klassischen Fall, wo Rudolf Steiner bei einer Netzhautablösung die Anwendung von Fischgalle an den Waden empfahl, also die Behandlung einer Augenkrankheit von den Beinen aus, wurde auf ein regionales Geschehen aufmerksam gemacht, das im Unterschenkel anzeigt, was andere Teile verbergen. So weist der varicöse Symptomkomplex (Krampfadern) auf Störungen in Kreislauf und Stoffwechsel hin.

Aber oft, wie wohl auch im obigen Falle, bleibt zunächt der entscheidende Anteil der Beine am Krankheitsgeschehen verborgen, und es bedarf einer neuen Schulung für Untersuchung und Denken. Hierfür sollen einige Beobachtungen gegeben werden. Sie sind aus einer eingehenden Beschäftigung mit Heilmassage erwachsen, können aber für jede Therapie fruchtbar werden.

Die gleichen Menschen, die im Winter über kalte Füße klagen, leiden oft in der warmen Jahreszeit an Benommenheit des Kopfes, vertragen auch keine Sonne. Der ,,Kaltfuß" ist kein reines Temperaturproblem und durch Wärmezufuhr nicht zu heilen. Wenn die eigene Wärmeorganisation, in der das Ich lebt, nicht genügend bis in die Füße, d. h. zur sympathischen Begegnung mit der Erde, vordringt, so führt das zu tiefen Gesamtstörungen: der untere Körper verfestigt sich zu stark – das bleibt meist verborgen –, im oberen aber stauen sich die Kräfte und führen zu offenkundigen Erkrankungen. Besonders in der Kindheit, wenn der Inkarnationsprozeß vom Kopf aus erfolgen soll, erscheinen entzündliche Prozesse an Mandeln, Nase, Augen, Ohren. Untersucht man die Beine, so findet man sie kalt – was gerade in den chronischen Fällen gar nicht mehr gefühlt und deshalb geleugnet wird – und verhärtet, verdichtet, meist auch mehr oder weniger gefühllos. Behandlung an diesem Pol ist so erfolgreich, daß ich z. B. nie ein operatives Eingreifen (Mandeloperation) nötig hatte. – Wer diesen Zusammenhang erfaßt, kann kalte Füße als Gefahrenmoment erleben, vergleichbar einer blutenden Wunde des Wärmeorganismus.

Eine ähnliche Polarität besteht zwischen Überreizung im oberen Gebiet und Unterempfindlichkeit, Gefühlsdumpfheit in den Beinen. Hierher gehören Schlaflosigkeit und andere Formen der „Nervosität", Neuralgien, aber auch z. B. Heuschnupfen. – Die tiefgreifenden Zusammenhänge der Entstehung und dann auch der Heilung dieses allgemeinen Zivilisationsschadens, der Entwurzeltheit, können freilich in dieser Kürze nur behauptet werden, ergeben sich aber jedem eingehenden Beobachter, vor allem dem Therapeuten. Welche Wohltat und Entspannung bedeutet es, wenn nun die Therapie auch hier nicht am empfindlichen Gebiet ansetzt, sondern im „Niemandsland" mit einem langen Hebelarm! Die anfängliche Skepsis weicht bald einem Staunen über dieses Geheimnis der Menschennatur, Hoffnung und Vertrauen wagen sich wieder hervor. So erleben Patienten mit Magenkrämpfen (spastische Gastritis) dankbar dies Wunder: gleich nach der ersten Untersuchung und Behandlung (Massage der Beine) kann u. U. das hypnotische Hinstarren auf den kranken Magen abgelöst werden von einem Vorstoß ins neue seelisch unbelastete Gebiet! „Ich dachte, ich sei magenkrank, nun sind's die Beine."

Eine häufige Folge der Unbelebtheit in den Beinen ist die Ungeschicklichkeit, die zu immer wiederholten Unfällen führt, bis die Schockverhärtung der Muskulatur ausgeheilt wird. Der „traumatische Stolperfuß" zeichnet sich durch besonders deutliche Gewebsverdichtungen aus, so daß sie auch ein Anfänger nicht übersehen kann – wenn er sie überhaupt sucht. Dabei, wie auch bei der Massage, muß die Wade entspannt gelagert werden, am besten: Patient in Bauchlage mit rechtwinkliger Beugung des Knie- und Streckung des Sprunggelenks. Man muß es erlebt haben, wie ein frisch verstauchter Fuß nach 5–10 Minuten solcher Behandlung (nie an der Schmerzstelle selbst massieren!) fast schmerzfrei und sicher hinausgeht! Der Verletzte fühlt einen feinen Strom des Ausgleichs oft bis in den Kopf strahlen, während Leichtigkeit das Bein wieder beschwingt. Diese „Strömung" ist das Wesen und die Vorbedingung der Gesundheit! – Umgekehrt führen seelische und andere Schockerlebnisse zu sofortiger Unsicherheit auf den Beinen; das Bewußtsein wird herausgezogen und kann erst dann völlig zurückkehren, wenn der Schock – ausgeheilt ist. Aber wie selten ist das in den letzten Jahrzehnten möglich gewesen, wo doch ein Stoß den anderen nur übertönt und damit für das Bewußtsein ausgelöscht hat! Der Leib hat ein treues Gedächtnis, man kann es therapeutisch wecken und die Krankheitsgeschichte rückwärts aufrollen.

Der chronische, periodisch wiederkehrende Hexenschuß im Kreuz kann durch Belebung der Beine rascher und tiefer gebessert (oft ausgeheilt) werden als durch örtliche Therapie. Man bekommt auch hier wieder das Erlebnis: gestaute Kräfte (als Schmerz erscheinend) werden an ihre richtige Stelle geholt. Das gleiche wäre auszuführen für Dysmenorrhoe (schmerzhafte Regelblutung), chronische Cystitis (Blasenkatarrh), Enteritis (Entzündung des Dünndarms).

Diese ausgewählten Gesichtspunkte können zu biographischer Zusammenschau geistig-seelisch-leiblicher Hemmungen im Lebenslauf führen. Die Erkenntnis der physischen Verhärtung und Ablagerung in den Beinen führt besonders für die Therapie mit „Außenmitteln" zu neuen Ansätzen, die kurz stichwortartig angedeutet seien.

Drei Stufen der Belebung: Durchwärmung, Durchströmung und schließlich das Ergreifen und weitere Pflegen des Erreichten durch Eurythmie.

Besser noch als Wärmezufuhr (z. B. Fußbäder) wirkt gleichmäßig-intensive Bewegung (Wandern). Richtige Bekleidung, am besten mit Wolle, kann im Zeitalter des Nylon-Strumpfes und einer völlig abwegigen „Abhärtung" (nackte Knie und Beine) aus der Beobachtung der Zusammenhänge mit dem ganzen Organismus neu begründet werden. Aufklären statt Befehlen! Die Empfindlichkeit gegen den feinen Hautreiz der Schafwolle zeigt schon den Beginn der Störung und wird bei zunehmender „Belebung" bald nachlassen.

Die Beseitigung der gröbsten Stromhindernisse durch Massage, Wickel (z. B. nächtliche Fuß- oder Wadenwickel), Salben, u. a. Silber- und Kupfersalbe (auch Kupfersohlen), sind bewährt gegen entzündliche Drüsenschwellungen usw., Ungt. Kal. acet. cum Stibio besonders beim varicösen Komplex (Krampfadern), Senfmehl oder geriebener Meerrettich wirken durch ihre Senföle intensiv als Auflage auf der Fußsohle (z. B. abwechselnd links und rechts mehrere Nächte hintereinander).

Ein unmittelbares Eingreifen in die Lebenskräfte. Rudolf Steiner hat zahlreiche Hinweise und Anregungen für die Geschicklichkeit der Füße gegeben durch Schreiben, Plastizieren und Eurythmisieren mit den Zehen, Füßen, Beinen. Das Üben des durchgeistigten Schreitens, unter fachkundiger Leitung natürlich, läßt den Menschen seinen Leib bis zu den Fußspitzen durchdringen und eröffnet den Zugang zu Schöpferkräften. Das gelingt freilich nicht sofort. Wie „oberflächlich" unser gewöhnliches Gehen ist, kann man an folgender Übung erleben – und man kann dieses Gehen verbessern: zuerst dreiteiliges Schreiten, so gut man eben kann; dann Arbeit an einigen Lauten, z. B. den 5 Vokalen mit den Beinen, ca. 10–20 Minuten, dann wieder Schreiten. Der Unterschied ist verblüffend!

Die A-Gebärde führt besonders zu dem Erlebnis der Kraft. Das E wird für den Astheniker besonders heilsam; er zeigt ja sein instinktives Bedürfnis nach dieser Qualität, indem er bei jeder Gelegenheit die Beine übereinanderschlägt, was freilich kaum eine Ahnung von der Bedeutung der vollen E-Übung gibt. Für den verhaltenen, trippelnden Gang (Menschen, die sich nicht recht entfalten in ihrer Persönlichkeit) hilft vor allem das I. Schließlich ist das U der wichtigste Vokal für die Standfestigkeit, gegen das Heer der Fußschwächen, die ja im Lichte dieser Ausführungen neu erlebt und gesehen werden können.

Wer erst einmal alle Laute (auch Konsonanten!) durchgeübt hat, bekommt den vollen Begriff von der Vielseitigkeit des Lebens, der Fülle von Kraft und Geistesgegenwart, die uns unsere Beine vermitteln wollen.

Massagen helfen heilen

Was unsere Großeltern noch mit Armen und Beinen durch die eigene körperliche Anstrengung taten, verrichten heute Maschinen auf einen Knopfdruck. Dafür aber müssen wir mehr denken, planen, den Kopf gebrauchen. Aber die ungenutzten Gliedmaßen werden wie zu einem stagnierenden Bach, wie durch Verkehr blokkierte Straßen, und die ungenutzten Kräfte verwandeln sich in Stoffwechselgifte. Alle Heilversuche werden in einem solchen Milieu behindert. Das ändert sich aber sofort, wenn irgend eine Bewegung das Hemmnis beseitigen kann. Der gesunde Mensch ist zwar in bezug auf seinen Organismus durch zahllose Strömungen in Bewegung – wovon am auffallendsten die des roten Blutes ist, – aber dieses Leben wird, wenn es von außen nicht stimuliert wird, auf „Sparflamme" gesetzt.

Für die Menschen, die nicht mehr zu einer sinnvollen und regelmäßigen Bewegung der Muskeln fähig sind, und vor allem für die Leidenden und Kranken, besteht eine uralte Tradition der Massage und die im Wesen damit verwandte Anwendung von Bädern und Wasserbehandlungen. In einem Fall werden die Lebensströmungen durch das von außenher in Bewegung gebrachte Wasser aufgeweckt, – in dem andern Fall ist die Hand des Masseurs in ihren immer strömenden und gleitenden Bewegungen das inspirierende Element. Aber die äußere Stimulanz muß der Mensch aufnehmen und sich zu eigen machen. Das geschieht vor allem in den Nächten, die auf die Behandlung folgen.

Die Eigenbewegung entspringt einem Willensimpuls; je nachdem, wie sie imstande ist, dem Kern des menschlichen Wesens, der Wärme ist, Ausdruck zu verleihen, nähert sie sich einem bestimmten Grad von Vollkommenheit, man erlebt dann eine solche Bewegung bei andern als beseelt. Es ist das Ziel aller Heilung, den Bann zu lösen, der solche gesunden Bewegungen verhindert. Es ist doch vielbedeutend, daß auch die heilenden Bewegungen der Massage aus dieser Quelle schöpfen wollen, und daß der, der hilft, doppelt begeistert sein kann, daß er imstande ist, aus dieser Fülle schenken zu können! Die Wärme ist das körperliche Äquivalent der Begeisterung. Daher muß der Patient, bevor eine Massage beginnen kann, gut warm sein, in eine Wolldecke gehüllt, innerlich ruhig und offen. Der Überschuß an Wärme ist das Kapital, womit der Masseur arbeiten kann. Für die örtliche Durchwärmung sind flache Steine oder Sandsäckchen, die in der Sonne oder auf der Heizung erwärmt werden, am meisten geeignet: auch die Wärmflasche kann verwendet werden, denn nachdem die Massage sich anfänglich hauptsächlich auf die totale Durchströmung richtet, späht sie nun nach Stellen im Organismus, wo es zu Stauungen kommt. Diese können durch sich wiederholende Wärmebehandlungen aufgehoben werden. Aber man darf, wenn man auf diese lokalen Probleme achtet, nie die Ganzheit vergessen; man muß immer wieder die Gesamtströmung anstreben.

Es ist nun die Kunst, in dieser Abwechslung zwischen allgemeiner Erstarrung und den hier und da auftauchenden örtlichen Stauungen ein richtiges Gleichgewicht zu schaffen. Man bekommt dabei oft unerwartete Einblicke in den biographischen Aufbau des Organismus und in die Entwicklungsmöglichkeiten einer Persönlichkeit.

Einige Beispiele: Bei einem Patient mit Spannungen in der Umgebung des Herzens (koronare Spasmen) traten an der linken Rükkenseite Muskelverhärtungen auf, vor allem auch an der linken Seite der Halswirbelsäule. Als nach monatelanger Behandlung diese Muskeln plötzlich ihren Widerstand aufgaben, spürte der Patient sofort Besserung. – Ein Lehrer litt wiederholt an Magengeschwüren. Die Verhärtungen waren hier an der linken Wade zu suchen (wo auch die Darmträgheit diagnostisch-therapeutisch zu finden ist). Das Loslösen der Beinmuskulatur und die Heilung des Magens verliefen auch hier parallel. In den meisten Fällen von Kopfweh ist ebenso die innere Lebendigkeit der Wadenmuskulatur entscheidend. Bei Schulkindern kann man oft schon nach einigen Wochen Massagen eine Verbesserung bemerken.

Diese Beispiele zeigen, wie das Zeitgeschehen der Krankheit im Muskelmenschen räumlich auseinandergelegt und damit überschaubar ist. Durch gezielte Wärmebewegung, wie Massage oder Wasserbehandlung (z. B. auch Umschläge), können die Verdichtungen im Gewebe gelockert und damit auch alle weiteren Heilmaßnahmen erleichtert werden.

Das Setzen von Schröpfköpfen – Eine uralte Heilbehandlung in neuer Sicht

Hier soll die oft vergessene Methode des Schröpfens beschrieben und dem heutigen Denken nähergebracht werden. Griechische und neuere Deutungen der Wirkungsweise lassen sich schließlich gemäß einem therapeutischen Rat Rudolf Steiners zusammenschauen als „Behandlung des Blutes" gegen „zu starke innere Regsamkeit und Spannung".

Ein Erlebnis aus dem Kriegsurlauberzug möge einleiten. Der Transportführer, eben „auf eigene Gefahr" aus dem Lazarett in Breslau entlassen, krümmt sich in einer Gallenkolik. Zäpfchen hatten versagt. „Helfen Sie, Doktor, ich will ja nur heim nach Dresden!" Ein Röllchen Zeitungspapier angezündet, im Feldbecher rasch auf dem Oberbauch aufgesetzt – ein dankbarer Seufzer.

Verbreitung und Geschichte

Von den alten Völkern liegen viele Überlieferungen und Zeugnisse über das Schröpfen vor. Pecker[1] hat sie ausgiebig zusammengestellt und nennt als ältestes das Arztsiegel des Urlagedinu, eines Mesopotamiers 3300 v. Chr., drei Schröpfköpfe darstellend. Indische, ägyptische, griechische, römische und arabische Berichte folgen farbenreich. Auch bei den Griechen war ein Schröpfkopf das Hausschild des Arztes; der Schröpfgott „Telesphores" findet sich auf Münzen von Tempeln und Badeorten glockenförmig abgebildet.

Bei den Germanen wurden Tierhörner aufgesetzt, mit dem Munde an der abgesägten Spitze angesaugt und dann mit Wachs rasch verschlossen. Bei manchen afrikanischen Stämmen werden heute noch Kuhhörner gebraucht.

Von den Indianern in den USA liegen Berichte vor, daß sie mit dem Munde den „bösen Geist" aussaugten. Bei den Utahs wurden Heilgesänge vom Medizinmann angetönt und dabei übernatürliche Kräfte herbeigerufen; danach wurde „durch die Haut" gesaugt. Im

Jahr 1939 erschien ein Büchlein von Janette Woodrif, die 29 Jahre unter den „Piutes“ (Nevada) als Schulaufseherin war. Sie wollte ein Kind mit Blinddarmentzündung dem Arzt übergeben. Aber das Volk bestand darauf, dies sei ein besonderer Fall für ihren eigenen Arzt, der denn auch mit Erfolg den „Big Bug“ aussaugte.

In unseren Märchen erscheint das Motiv, das drohende Böse auszusaugen, z. B. beim „Getreuen Johannes“. Das dürfte wohl die Urform des Verfahrens sein.

Bei Griechen und Römern deutet noch der Name „Kürbis“ (Sikyoon bzw. Cucubirla) auf den alten Gebrauch der harten Früchte.

Dagegen hatten die Ägypter, Griechen und Römer meist metallene Gefäße, die auf vielen Reliefs, Vasen, Motivstellen (Asklepieion in Athen) dargestellt und in der Literatur erwähnt sind. In Pompeji fand man sie aus Bronze: es gab auch kupferne, bei den Römern in Germanien oft eiserne.

Die ägyptische Hieroglyphe für den Arzt ist ein Schröpfkopf mit einem Pfeil darunter – wohl zum Blutigritzen. Dieses „Scarifizieren“, althochdeutsch „screfan“, hat den Namen gegeben.

Im Corpus Hippocraticum[2] findet man an vielen Stellen ganz präzise Angaben über verschiedene Applikationen; sie sind bei Pekker zitiert. Ebenso Galen, der z. B. empfiehlt, gegen Ausfluß und Nasenbluten über und unter den Brüsten Schröpfköpfe anzuwenden, also an weit entfernter Stelle.

Als Gewährsmann sei – nach Pecker – noch Hufeland genannt, der viele Beobachtungen bei Augen- und Ohrenaffektionen, frischer Enzephalitis, Brustfellentzündung, Herzbeutelentzündung, Angina mit Glottis-(Kehlkopf-)ödem, Leberentzündung, Nierenentzündung, Entzündungen der Muskelschicht der Gebärmutter, Hexenschuß u. a. bringt.

Dieser umfassende und zugleich kritische Geist nannte das Schröpfen „ein wirksames, jetzt sehr vernachlässigtes Hautreinigungsmittel“ (Akne!). Heute ist das Verfahren noch in vielen Teilen der Welt lebendig, so daß man wohl annehmen kann, es sei einmal allgemeiner Menschheitsbesitz gewesen; vielleicht aus atlantischer Urheimat?

In Frankreich wurden die fast kugelförmigen „ventouses“ noch bis in unsere Zeit hinein überall angewandt, nicht nur im Volke, sondern auch von Ärzten verordnet. In Griechenland hat der von da entlehnte Name „ventosa“ das alte Sikyoon (Kürbis) verdrängt; die häufige Anwendung kann man gelegentlich in Filmen sehen.

Ein Bekannter wurde wegen seines chronischen Hustens von seinem griechischen Geschäftspartner angesprochen: Kommen Sie morgen, da ist mein Arzt hier, der wird Ihnen helfen! Was geschah? Er bekam Gläser auf den Rücken, und der Husten war vorbei. „Sagen Sie das aber keinem Arzt daheim, der lacht Sie bloß aus.“ Bei den Polen war mir die große Anzahl erstaunlich: 100–150 kleine Gläschen auf Brust und Rücken in bedrohlichen Fällen, besonders Bronchitis mit Pneumoniegefahr. Danach soll der Patient einige Tage streng liegen und keinen Luftzug riskieren, er sei durch die Prozedur besonders erkältungsempfindlich. – Ähnlich ist die Verbreitung in allen slawischen und romanischen Ländern; ferner auch in der Türkei, wie mir eine Französin versicherte. Dagegen haben die besonders „fortschrittlichen“ Nationen der Mitte und des Westens diese alten Traditionen aufgegeben. In Deutschland wurde das Schröpfen noch eine Generation vor meiner gelehrt! Bei Kriegsbeginn begegnete ich einer ca. 80jährigen Königsberger Hebamme, die es noch von ihrer Ausbildung her kannte. Vor etwa zehn Jahren habe sie eine plötzliche Lähmung erlitten und, allein im Haus, mit der anderen Hand sich sofort Gläser auf die Brust gesetzt, worauf das Ganze sich in Kürze zurückgebildet habe. Dies war meine erste Begegnung mit dem Verfahren.

Technik

Sie zeigte mir damals die Technik mit Trink- oder Marmeladegläsern, die durch kurzes Einführen eines mit Spiritus (nicht Weingeist, der brennt schlechter) getränkten Wattebausches (auf Draht oder Holzstäbchen montiert) durch O_2-Verbrennung ein leichtes Vakuum bekommen, wenn sie rasch genug luftdicht auf die Haut gesetzt werden. Dabei ist vorheriges Ölen günstig; bei starker Behaarung muß manchmal rasiert werden. – Eine andere Technik erfuhr ich dann von der Französin: Zeitungspapier in Röllchen, nicht länger als das Glas, am unteren Ende zusammengeknickt, damit die Flamme dort sicher verlöscht, wird angezündet und in das Glas gesteckt, dann aufgesetzt (wie es sich dann im Zug bewährte). – Für alte oder ungeschickte Menschen sind diese Feuermethoden zu riskant. Sie können sich im Sanitätsgeschäft 6 bis 8 „Bier'sche Saugglocken" kaufen, die über dem Glas einen Gummiball haben für die Saugwirkung, die allerdings etwas schwächer ist. Dafür kann man in den mit Saugpumpe versehenen Schröpfapparaten[3] höhere Grade des Vakuums herstellen. Es sind dickwandige, ovale Gläser verschiedener Größe, mit denen man gewaltige Hämatome (Blutergüsse) setzen kann. – Schließlich sei noch ein feuerloses Verfahren angeführt, das gar nicht für therapeutische Zwecke, sondern von einem englischen Kakteenzüchter zum Entfernen der feinen Stacheln beschrieben wurde. Man erhitzt eine Flasche durch heißes Wasser, entleert sie dann und setzt die Öffnung auf die betreffende Hautstelle. Das beim Abkühlen entstehende Vakuum ist auch hier proportional dem Quotienten aus Inhalt und Öffnungsgröße (etwa 1 l : 2 cm^2).

Für punktuelle Wirkungen, z. B. bei Neuralgie, scheint mir das Verfahren durchaus brauchbar, nur müßte man die Flasche in geeigneter Weise stützen.

Ort der Anwendung

Ort der Anwendung ist meist der Rücken, denn hier liegen ja auch die stärksten Verhärtungen (Einflußzone des Ahrimanischen). Nach vorherigem Trockenbürsten (Aufrufen der Ich-Organisation) und Ölen setzt man zu beiden Seiten der Wirbelsäule, wo die dicksten Muskelstraßen ziehen, je etwa 3–4, später evtl. mehr Gläser auf, wobei der Patient am besten auf dem Bauch liegt, so daß er sich gut entspannen kann. Bald lernen viele, dabei zu schlafen, was die Wirkung sehr vertieft. Schon ein Schläfchen von wenigen Minuten kann eine so tiefe Entspannung bewirken, daß man sich fühlt wie nach einem Urlaub! Überhaupt gibt es kaum ein besseres Schlafmittel, als abendliche Gläser – wenn sie nicht paradox wirken, wie so vieles!

Eine Patientin, die über furchtbare Rückenschmerzen klagte, legte sich durch lange Zeit jeden Abend mit Gläsern schlafen, die sie dann nach Stunden selbst wieder abnahm; anders konnte sie überhaupt nicht schlafen.

Wer nicht auf dem Bauch liegen kann, mag es in Seitenlage oder sitzend tun; dabei dann den Oberkörper wenigstens aufstützen, z. B. über eine Stuhllehne. – Bei Krämpfen in Bauch, Unterleib, ferner bei Asthma, ist oft die Anwendung an dieser Stelle angezeigt. Bei schlaffem Bauchfett gelingt es nur mit kleinen Öffnungen, da sich solches Gewebe tief einsaugen läßt und das Vakuum so sehr verringern kann, daß das Glas abfällt. Gelegentlich kann das natürlich auch am Rücken passieren, läßt sich aber durch geeignete Glasform vermeiden. Wenn bei Anfängern auch sonst manchmal Gläser abfallen, ist meist zu zögernd vorgegangen worden, so daß das Vakuum sich schon vor dem Abdichten ausgeglichen hatte (oder durch Behaarung). – Bei Kreuz- oder Hüftschmerzen kann man über diese Gegend schröpfen, muß aber, wie auch bei mageren Rücken, sorgfältig die Knochenvorsprünge umgehen. Am besten scheint mir dabei ein Abwechseln zwischen oberem und unterem Rücken. – Bei Ischialgie kann es u. U. gut sein, außer der Schmerzstelle auch die „Hosennaht“ zu besetzen, bis zum Unterschenkel. Auf den Waden gelingt das Schröpfen nur mit kleinen Gläsern (oder bei dicken Beinen), hat aber ebenso wie die Anwendung auf der Sohle nicht so große Bedeutung wie die klassische Anwendung am Rücken. Die Antike kannte noch differenzierte Indikationen für Schröpfungen am Kopf.

Die Dauer der Anwendung

Die Dauer der Anwendung richtet sich nach dem Gefühl des Patienten. Am Anfang kann schon 1/4 Stunde ausreichend sein, doch wächst mit der Gewöhnung die Ausdauer schnell und kann sich besonders dann steigern, wenn man gelernt hat, dabei zu schlafen. So bat mich eine Patientin jedesmal, wenn ich abnehmen wollte: „Lassen Sie mich noch etwas weiterschlafen“, und das ging so zwei Stunden. Das Abnehmen geschieht am schonendsten so: Mit der linken Hand drückt man das Glas leicht an, während die Rechte vorsichtig einen Fingernagel unter den Rand hineinschiebt, bis mit leisem Pfeifen etwas Luft einströmt. Dann geht man zu den weiteren Gläsern, bis alle nur noch mit geringem Sog halten. Auf der glatt geölten Haut kann man jetzt ein Glas nach dem anderen nach der Außenseite abschieben, wo es dann erst losläßt (leichte Unterhautmassage). Ein brutales Abreißen kann unnötige Schmerzen bereiten. Danach wird man nicht gleich zu großer Aktivität übergehen, wenn man nicht einen Teil der Wirkung verlieren will. Anfänger können regelrecht „groggy" sein in den ersten Minuten, sie sollten z. B. nicht gleich ins Auto steigen! Auch am nächsten Tag noch kann eine gewisse Müdigkeit fortbestehen, der man Rechnung tragen soll. Dadurch werden ja gerade die eigentlichen Ermüdungsursachen ausgeräumt, und danach kommt als Ergebnis eine köstliche, lange entbehrte Frische. Von den Kennern kann man häufig hören: „Schröpfen Sie mich mal wieder, ich bin zu Hause so grantig – danach bin ich lange Zeit so freundlich!" Das ist besonders anschaulich bei launischen Kindern, die nach solcher Behandlung oft auf Wochen wieder froh sind.

Wie oft?

In akuten Fällen muß man es täglich tun. Wenn eine Mastitis (Brustentzündung) droht, wird das Stillen durch Schmerzen immer schwieriger; Gläser auf den Rücken (in Seitenlage, was aber etwas Geschicklichkeit fordert, oder sitzend) nehmen die Schmerzen fast völlig fort, so daß die Brust wirklich wieder leergetrunken werden kann. Hier muß man also eine zeitlang sogar mehrmals täglich saugen, was auf die Dauer zuviel wäre. Stillende Mütter sollten immer die Gläser bereithalten und beim geringsten Nachlassen dazu greifen: schon die nächste Mahlzeit wird reichlich sein. – Im allgemeinen sind ein- oder zweimalige Anwendung in der Woche für viele Anforderungen ausreichend. Wenn man sie auf den Abend legen kann, hat man den Schlafsegen dazu und braucht eigentlich „keine Zeit", da ja die Ruhewirkung noch vertieft wird. – Wer die therapeutischen Ratschläge Rudolf Steiners studiert, findet immer wieder, wie eine Maßnahme eine Reihe von Tagen oder Wochen angeordnet, dann aber auch wieder rhythmisch unterbrochen wird. Wie oft, in welchem Wechsel, wo man schröpft, bleibt eine Frage ärztlicher Kunst.

Physiologisches

Besonders bei Blonden sieht man schon während des Saugens starke Farbreaktionen: blaurote bis schwarzviolette Hämatome. Wenn das auch bis zu einem gewissen Grad gut ist, muß doch schonend vorgegangen werden. Man wird also den Sog mildern, indem man genau wie beim Abnehmen etwas Luft einpfeifen läßt. Das gleiche gilt bei Schmerzen, die sich zwar nach wenigen Minuten von selbst lindern, aber doch für den Ungeübten zu groß sein können. – Dagegen gibt es unter den dunklen Typen solche, die überhaupt keine Hämatome oder nur sehr leichte bekommen (trotzdem aber sonst allen Nutzen vom Schröpfen haben). Diese vertragen sicher weit mehr und häufigere Anwendung. – Manche haben ihre gestochen kreisrunden Flecken zwei bis drei Wochen lang, bei anderen sind sie schon nach Tagen verblaßt. Alle diese Beobachtungen sind wichtig für die Dosierung. Man sollte nicht auf die alten Flecken gleich wieder Gläser setzen, sondern den Ort wechseln oder abwarten. Denn gleichzeitig mit dem Hämatom ergibt sich ja eine tiefgreifende Wirkung im ganzen Organismus, die sich in vielen physiologischen Untersuchungen widerspiegelt (Blutbild, Lymphebewegung, Mineralstoffwechsel usw.). So fand Boscovic beim Schröpfen eine Vermehrung der weißen Blutkörperchen bis auf das Doppelte und häufig eine beschleunigte Blutsenkung. Fast bei jeder Fleckenbildung kann man eine sehr eigenartige Beobachtung machen: Wenn die Verfärbung längst abgeklungen ist, bleibt das Gewebe an der Stelle so verändert, daß in genau diesem Kreis jetzt kein neues Hämatom mehr auftritt. Da man aber die nächsten Gläser ahnungslos an ähnliche Stellen setzt, bilden sich die neuen Farben nur da, wo die alte „Kampfstätte" übergriffen wird: Es zeigen sich dort Halbmonde! Über dieses Phänomen sollte man nachdenken; denn es zeigt doch, wie alle Blutgefäße exakt an diesem Gewebeort jetzt widerstandsfähig geworden sind, während sie vorher eine Art ,,Rumpel-Leede"-Symptom (Blutungen der Haargefäße bei einer Blutstauung) aufwiesen.

Wenn schon die Hämatome für den Laien ein Schreck sein können, so sind die weit seltener auftretenden, pemphigusartigen Wasser- oder gar Blutbläschen (Pemphigus = Blasensucht) ein Fanal, das oft mehr den Betrachter als den Träger selbst entsetzt. Jetzt muß der Kenner auf den Plan treten und sagen: Der Gesundungsprozeß ist an einem entscheidenden Wendepunkt angekommen. Stärke und Ort dieser Reaktion sind hochbedeutsam! Wie schon die Lokalisierung der Hämatome nicht zufällig ist, sondern den Sitz der jeweils stärksten Auseinandersetzung kennzeichnet, so noch mehr bei dieser größeren Krise. Die kleinen Pigmentierungen nach Abtrocknen der Bläschen halten denn auch weit länger an, oft viele Wochen. Aber gleichzeitig ist eben auch das betreffende Grundleiden um so viel gebessert, daß kaum ein Patient sich über seine ,,Tätowierung" beschwert. Wem allerdings sein Rückenteint über alles geht, der soll seinen Pelz anders waschen. Die genannte Beobachtung der Gefäßfestigung zeigt ja schon, daß mit der Zeit die Fleckenbildung sehr zurückgeht und schließlich ganz verschwindet; wenn man also im Herbst und Winter fleißig schröpft, kann man es vielleicht bis zur neuen Badesaison überstanden haben.

Zur Frage der Indikation

Zunächst die Gegengründe! Wenn der Organismus stark mit sich selbst beschäftigt ist, wie bei Fieber, Periode, vollem Magen oder sonst einer starken Funktion, wird man ebensowenig diesen wie einen anderen Eingriff ansetzen. Bei Schwächezuständen, besonders der Hypotonie, muß sehr vorsichtig dosiert werden, wenn man nicht überhaupt auf dieses Mittel verzichten will. Da jedoch der Appetit und die Aufbaukräfte durch die Hämatomwirkung sehr stimuliert werden (Eigenblutwirkung), gibt es doch bei vorsichtigem Vorgehen mit zwei bis vier Gläsern oft überraschende Besserungen.

Fassen wir nun zunächst die schon genannten Indikationen noch einmal zusammen. Zur Gallenkolik kann man weitere Eingeweidekrämpfe hinzufügen; soweit nur der Krampf (und nicht etwa ein eingeklemmter Stein) den Schmerz speist, kann schlagartig geholfen werden, oft schon mit dem ersten Glas! Voraussetzung ist nur, daß die Apparatur und der geübte Helfer zur Hand sind.

Die Katarrhe der Luftwege sind ein äußerst dankbares Gebiet, und zwar nicht nur für die Therapie, sondern vor allem für die Verhütung! Und da die seelische Atmung eng mit der leiblichen verbunden ist, kann man von hier aus auch die prompte Wirkung auf „grantige Stimmung" verstehen.

So kann zu der entkrampfenden die „atmende" Wirkung festgestellt werden. Beide Komponenten lassen sich unter dem Begriff des Luftorganismus, in dem der Astralleib wirksam ist, zusammenfassen.

Nun ist aber jedes verhärtende Geschehen immer auch ein Atmungsproblem. Auch der Schlaf ist eine Atmung; der bewußte Seelenteil wird aus- und morgens wieder eingeatmet. Zu den Verhärtungskrankheiten gehört der ganze rheumatisch-arthritisch-neuralgische Formenkreis, bei dem durch behinderte seelisch-geistige Atmung eine zunehmende Strömungsbehinderung und damit Erstarrung in Muskulatur, Gelenken und Nerven entsteht. So kann eine Vertiefung der „Atmung" hier Großes leisten. Zunächst kann ein akuter Muskel- oder Gelenkschmerz abgefangen werden, wobei die Gläser z. B. rund um das Gelenk gesetzt werden. Ein „Muskelkater" löst sich schon nach einmaliger Anwendung. Für die Dauerwirkung ist wichtig, daß man von der Schulter- oder Gesäßgegend jeweils die ganze Extremität erfaßt. Das ist sogar für kleine Operationen brauchbar: Zur Eröffnung eines Panaritiums (eitrige Entzündung an Fingern und Hand) besetzt man Schulter und Schulterblatt mit möglichst vielen (kleinen) Gläsern und kann bei der sofortigen Schmerzstillung ungehindert arbeiten.

Bei Herzbeschwerden spastischer Art (wie sie oft bei Pflicht- und Erfolgsmenschen auftreten) bewährt sich die meist sofortige Verteilung analog der schon genannten lösenden Wirkung. Wichtig ist dabei, daß der Patient sich oft selbst helfen kann durch Aufsetzen der Gläser an der Brustwand; freilich ist die tiefere Wirkung der

Rückenbehandlung unverkennbar. Überwiegt am Herzen die Einwirkung von unten, der Schwere, wie beim venösen Typ, dann wird über das Versagen und Schwäche geklagt, der Blutdruck ist tief, die Amplitude schmal. Hier muß, wie schon gesagt, sehr vorsichtig begonnen werden mit zarten Anwendungen, die aber über die regulierende rhythmische Stärkung, die allgemeine Erfrischung und Hebung des Appetits schließlich doch viel beitragen können. – Die Gebärmutter, die untere Metamorphose des Herzens, hat wieder eine andere Rhythmik. Am anschaulichsten ist das Zuviel und Zuwenig. Bei zu starken Blutungen kannten schon die Griechen das Aufsetzen eines größeren Schröpfkopfes auf die Mitte der Mamma (weibliche Brust) oder gewöhnlich darunter. Wie auch sonst ist hier in schlimmeren Fällen die blutige Methode wirksamer. Dabei wird zunächst wie üblich gesaugt, dann das Glas reihum abgenommen und mit dem Messerschnepper (sechs und mehr Messerchen, die absolut schmerzlos wirken) jeweils in den Stauungshügel in verstellbarer Tiefe leicht eingeschnitten und dann sofort wieder gesaugt. Wegen der rascheren Handhabung sind hierfür die „Bier'schen Saugglocken" besonders geschickt. Nach zehn bis fünfzehn Minuten ist in jedem Glas ein ein bis zwei Zentimeter großer Blutkuchen, der mit Zellstoff bequem in die Schale gehoben werden kann. Nur selten blutet es nach, so daß man ein Pflaster meist nicht nötig hat. Die Narbe ist meist kaum zu sehen. – Bei zu seltener Regelblutung dagegen will man den Strom nach unten lenken, wofür man ja früher besonders den Aderlaß an den Beinen machte. Aber mit dem unblutigen Saugen in den Leisten, der Kniekehle oder besser an den Innenseiten der Oberschenkel – was die Patienten sich auch evtl. selbst machen können – kann man sehr viel erreichen. Selbstbehandlung ist besonders bei schmerzhafter Regelblutung erwünscht; zwei bis drei Gumminäpfe über dem Unterleib lindern meist augenblicklich. Die Ausheilung freilich verlangt die Behandlung im Intervall, auch Ansetzen in der Kreuzgegend und natürlich die Entkrampfung in der Seele, nicht zuletzt die Durchwärmung der Füße.

Wirkung auf die Wesensglieder und das Blut

Es sei nun versucht, die mannigfachen Phänomeme zu überschauen. Professor Bier mit seiner Schule hat die „Hyperämie" (Blutüberfülle) herausgestellt, mit der schon ein recht komplexes Geschehen erfaßt wird. Nicht nur am Ort der Anwendung selbst wird dabei geforscht, sondern im ganzen Organismus, vermittelt über die Vorgänge im Blutbild (z. B. von Boscovic, s. S. 94).

Die Phänomene des Blutes lassen sich unter dem Begriff der in ihm vornehmlich wirkenden Ich-Organisation ordnen, weil die Betrachtung dabei nicht von der verwirrenden Fülle der Einzelheiten, sondern von deren Bewirker ausgeht. Diese höchste menschliche Kraft wirkt verschieden bei Tag und im Schlaf (s. bei Husemann[4]).

Das bewußte aber abbauende Tag-Ich muß von dem nachts aufbauenden unterschieden werden. „Das ‚Ich' gestaltet Wach- und Schlafleben zur Ganzheit, . . . umfaßt sowohl Aufbau wie Abbau."

Dies sei an einem Erlebnis im Kriege erläutert. Frisch von der Front kommende Soldaten vertrugen das Schröpfen nicht, kollabierten beim zweiten oder dritten Glas. Wenige Tage der Lazarettgeborgenheit genügten, um diese Empfindlichkeit völlig zu lösen. Bei den äußerst Geschwächten in der Gefangenschaft trat dieses Phänomen dagegen nie auf. Auch dort bestand Lebensunsicherheit, aber sie nagte da mehr an dem unbewußten Nacht-Teil. An der Front aber war das bewußte Sinnesleben unaufhörlich zu zwangshafter Überwachheit herausgerissen in fast tierhaftem Wittern und Sichern. Der Schock der Verwundung wurde in den leichten Fällen, um die es sich hier handelte, eher als entspannende Erlösung erlebt, und schon das Dach des Lazaretts ließ in Schlafbereitschaft sinken. Wurde nun das aufbauende Nacht-Ich, wie beim Schröpfen, gestärkt, so konnte das Bewußtsein sich vollends nicht mehr halten.

Betrachtet man die Hektik unseres westlichen, industriell-merkantilen Jagens, so muß man ja nach dem Gegenpol suchen und findet ihn einmal räumlich in Asien und im Orient, wo man noch in der Zeitfülle schwelgt. Aber große Teile der westlichen Jugend haben sich aus dem allgemeinen Strom herausgerissen. Sind sie der rhythmische Ausgleich für das Vordringen des Industriellen nach Osten (besonders in Japan)?

Statt Tag und Nacht könnte man in dieser Sicht auch sagen: Aktivität nach außen, daher abbauend; Aktivität nach innen, schöpferisch. Auch das Blut hat diese beiden Pole: stürmt einmal arteriell durch den äußeren Raum, kommt venös allmählich zur Ruhe und wird schließlich einen Herzschlag lang ganz in die Innerlichkeit eingeschlossen. Im Schröpfkopf wird im Kleinen etwas Ähnliches getan, auch da wird Blut festgehalten, so daß sogar ein verstärkter Todesprozeß ein wenig auftritt. Dadurch aber wird gerade der Lebenspol mächtig stimuliert: Goethe sagt über die Natur, der Tod sei ihr Kunstgriff, um viel Leben zu haben! Die im Absterben frei werdenden Ätherkräfte bringen ja auch bei der Eigenblutbehandlung jene belebende Wirkung. Nun ist ein Grundzug alles Ätherischen das Saugen! Im physischen Raum herrscht der Terror des Drückens – bis hin zum Druck der Pflichten und Termine. Beim Schröpfen begibt man sich auf den Weg zum Ätherischen, daher die zeitlose Erquickung. Zwischen Ätherleib und Ich-Organisation haben wir schließlich noch das Astralische, dem wir in den Phänomenen des Schmerzes und Krampfs schon begegnet waren. Im Krampf ist der Astralleib wie mit Widerhaken verkrallt, ähnlich dem Bluthund, der nicht mehr loslassen kann. Das Schröpfen löst dies Verhängnis und läßt dadurch das Ätherische wieder „aufatmen". Denn der gesunde Prozeß zwischen Äther- und Astralleib ist gerade das Atmen, und man kann durch rhythmisch wiederholtes Schröpfen diese Heilkräfte pflegen.

In dem so gut beobachtbaren Organ der Haut haben wir ein Zusammenwirken aller vier menschlichen Wesensglieder unter starker Führung der Ich-Organisation, die ja im Blut vor allem sich manifestiert. So ist Hufelands Empfehlung, bei unreiner Haut usw. regelmäßig zu schröpfen, zu deuten als Harmonisierung dieses Zusammenspiels.

Im 1. Ärztekurs[5] (3. Vortrag) wird das Blut als ein „durch seine eigene Wesenheit" Krankes geschildert, das einen fortwährenden Heilungsprozeß in sich trägt.

Harmonisierung in strömender Entwicklung ist eine Hauptaufgabe der Pädagogik. Daß hierzu das Schröpfen als „Behandlung des Blutes" einen Beitrag geben kann, erhellt aus einem Lehrergespräch mit Rudolf Steiner[6], in dem von einem Schüler gesprochen wird. ,,Dieser kleine W. A. . . . ist ein Wildling gewesen, er hat sich gebessert . . . Bei W. A. würde man, . . . etwas erreichen, wenn man ihm ein paar Schröpfköpfe setzen würde. Das würde einmal zur Pädagogik gehören . . . Er leidet vor allen Dingen an einer zu starken inneren Regsamkeit des Blutes. Es ist eine furchtbare Spannung in ihm, und er ist, was ich nennen möchte einen physischen Renommisten. Sein Körper renommiert. Das würde durch eine Behandlung des Blutes wesentlich geändert werden."

Literatur

1 Bachmann-Pecker: ,,Die Schröpfkopfbehandlung", Haug-Verlag, Saulgau 1952. Dort auch reiches Literaturverzeichnis.
2 Bei Pecker[1], S. 10–12, sind viele Hinweise zitiert.
3 Fa. Fr. Itting, Ludwigstadt, Bayern.
4 Fr. Husemann: ,,Das Bild des Menschen als Grundlage der Heilkunst", Band 1, Verlag Freies Geistesleben. Im Abschnitt: Das Wesen des Menschen. Das Ich als Wesenskern.
5 1. Ärztekurs, erschienen als ,,Geisteswissenschaft und Medizin", 3. Vortrag. GA 312.
6 Erschienen in ,,Konferenzen mit den Lehrern der Freien Waldorfschule", 16. 1. 1921. GA 300.

Erfahrungen mit der Heileurythmie

Wie unterscheidet sich Heileurythmie von früheren Bewegungstherapien?

Niemand wird daran zweifeln, daß Bewegungsübungen immer wichtiger werden, je mehr uns die körperliche Arbeit von Maschinen abgenommen wird. Immer mehr Menschen sind in der Lage eines Reichen, der ein Heer von Sklaven zur Verfügung hatte; die Schaltknöpfe von heute leisten eher noch mehr.

Aber die Muskeln, unser umfassendstes Organ, werden dabei arbeitslos und begehren dagegen auf. Anfangs tun sie das aktiv, in rauschhafter, auch aggressiver Bewegungsexplosion; im Alter sieht man meist den Gegenschlag: die Bewegungsfreude verarmt, erstirbt, und die nun brachliegenden Kräfte legen den Grund zu vielen Krankheiten.

Turnen, Sport, Tanz, neben den alten Naturbewegungen wie Wandern, Schwimmen, Reiten, können für viele hilfreich sein. Aber die Lücke zwischen Bedarf und möglicher Erfüllung klafft doch immer erschreckender. Gute Vorsätze wie ärztliche Verordnungen verpuffen an der Wand der leiblichen Unlust . . . Erst wenn es gelänge, den eingeschlafenen, gefesselten Bewegungshunger aus der eigenen Tiefe wieder zu befreien, könnte er erneut zur Quelle einer frei strömenden Aktivität werden.

Es soll gezeigt werden, was die neue Bewegungskunst der Eurythmie hierzu beitragen kann in ihrer für die speziellen Aufgaben der Therapie angewandten Form. Diese „Heileurythmie“ hat eine große Fülle von Einzelübungen entwickelt, die noch variiert werden können und sollen und damit dem Heer von Krankheitszuständen und deren individuellen Varianten entsprechen.

Wesen der Eurythmie

Was ist das Besondere dieses „schönen Rhythmus"? Bewegung durch Muskeln ist doch allen Übungsformen gemeinsam. Aber sowenig die Eigenart eines Flugzeuges aus der Tatsache erhellt, daß es auch Räder hat, so wenig für einen Maler die Muskelbewegung an sich das Wesentliche ist, so wenig ist sie es für die Eurythmie.

„Sichtbare Sprache", „sichtbaren Gesang" hat Rudolf Steiner, ihr Schöpfer und unermüdlicher Interpret, die Eurythmie genannt, dann auch wieder „beseeltes Turnen", „bewegte Plastik". Schon aus der Vielfalt dieser Bezeichnungen geht die Schwierigkeit hervor, etwas durchaus Neues mit Worten darzustellen. Beispiele helfen hier weiter.

Beispiele: Lähmung, Fraktur

Wenn ein teilweise oder ganz Gelähmter die Hilfe der Heileurythmie sucht, so kann er die vorgeführte Heilbewegung zunächst nur durch das Auge in den eigenen Bewegungssinn aufnehmen. Je phantasievoller und intensiver er das tut, desto eher kann aus diesen keimhaften „Seelenbewegungen" die Regsamkeit der Glieder wieder erwachsen. Bei einer teilweisen Lähmung, z. B. eines Armes, kann der andere die Übung sichtbar, der behinderte zunächst nur innerlich machen; der Patient lernt bald, beides zusammengehörig zu fühlen und dadurch zu verbinden. (Für eine detaillierte Darstellung reicht hier der Raum nicht.)

Auch bei der Frakturbehandlung kann bzw. sollte schon im Fixationsstadium begonnen werden, denn gerade für das ruhiggestellte Glied ist der innere Bewegungsstrom wichtig. Nicht nur erlebt man dabei überraschende Schmerzlinderung, sondern der Heilprozeß wird auch deutlich gefördert.

Eurythmie bei Kindern

Bewegungstherapie ohne äußere Bewegung kommt auch bei Kindern, besonders in der Heilpädagogik, öfter vor, wenn sie zu sehr in der Wahrnehmung aufgehen. Vor lauter Staunen kommen sie noch nicht zum Tun! Ein Drei- bis Vierjähriger schaute bei seiner ersten Kinderstunde (sogenannte „Baby-Eurythmie" in Gruppen) nur vom Rande aus zu. Daheim führte er seiner Mutter das Erlebte vor, und von da an war er frei und mit im Reigen. Die aufgestaute Seelenbewegung mußte erst vor der wichtigsten Instanz ausgebreitet werden, bevor sie in die Außenwelt durfte.

Das Glück der Kinder in diesen Stunden und in der Heileurythmie ist bei kindgemäßer Leitung oft unbeschreiblich groß! Alle Bewegungen werden in phantasiereiche Erzählungen, meist Märchen, eingehüllt; viel Humor und vor allem ein ständiges Einfühlen in die Bedürfnisse der kindlichen Seele ist nötig. Dann kann man auch bei dem sonst unzugänglichen Wesen ein allmähliches Aufblühen erleben. In der Heilpädagogik ist das oft überhaupt der erste menschliche Kontakt. Bei schlechten Essern, z. B. Einzelkindern, pflegt der Eurythmietag ein „Eßtag" zu sein.

Eurythmie bei älteren Menschen

Während so das Kind ein spontanes Verhältnis zur Eurythmie hat wie die Biene zum Honig, muß der ältere Mensch erst allmählich an sie herangeführt werden. Die oft lebenslang unausgeschöpften Bewegungskräfte sind erstarrt und möchten in Ruhe bleiben; der rheumatisch-arthrotische Formenkreis hat sich daraus entwickelt. Wie bei den Lähmungen muß sich hier wieder die Möglichkeit der Heileurythmie bewähren, die Regsamkeit aus dem Nullpunkt heraus zu entfalten, zwang- und schmerzlos die „Mäuschen" (musculi) wieder zum Tanz zu führen, einfach, weil die Lust dazu allmählich erwacht ist.

Organerkrankungen

Der grundsätzliche Unterschied zur gebräuchlichen Bewegungstherapie zeigt sich deutlicher, wenn Erkrankungen eines Organes heileurythmisch behandelt werden. Der Autor hat seine ersten Erfahrungen in dieser Therapie unter den schwierigsten Umständen, in russischer Kriegsgefangenschaft, erlebt. Da fehlte es nicht an Rheumatikern, die aber alle nach mehrwöchigem Üben beschwerdefrei wurden. Der Mut zu solchen Versuchen aber kam aus dem erschütternden Eigenerlebnis der Errettung aus dem anurischen, d. h. mit einer Störung der Harnentleerung verbundenen, Endzustand der üblichen Lager-Nephritis (Nephritis = Nierenentzündung), mit maximalen Ödemen des ganzen Körpers. Im Angesicht des sicheren Endes (erfahrungsgemäß in etwa 2 Wochen) war plötzlich die Erinnerung an die Möglichkeit der Heileurythmie gekommen; sehr bald setzte eine mächtige Harnausscheidung ein, die in drei Wochen alles ausschwemmte und keine Folgen hinterließ. Von da an gehörten die jeweils dem Krankheitszustand angepaßten Übungen vieler Patienten zum täglichen Bild unserer Lazarettbaracke, und manches Ergebnis stellte sich dabei ein. Das Auffallendste wohl waren vier Epileptiker, die alle anfallsfrei wurden. Einer davon wurde darauf aus dem schützenden Lazarett entlassen, kam wieder zum Bau und damit zu Schnaps und Anfällen und wurde nach 3 Monaten Behandlung erneut anfallsfrei.

Wenn Asthmatiker, Gallenkranke, Herzleidende (bei Koronarspasmen z. B.) lernen, ihre Anfälle durch die entsprechende Übung abzufangen, so kann eine spezifische Wirkung auf Organ oder Funktion (etwa Verstopfung, Durchfälle) daran sichtbar werden. Das setzt aber voraus, daß die weisheitsvolle Schranke, die sonst die Welt des Stoffwechselgeschehens vor jedem Zugriff des Bewußtseins schützen muß, für diese Heilwirkungen nicht mehr ganz geschlossen ist. Der berechtigte Zugang geht über ein wiederholendes, künstlerisches Tun.

Heileurythmische Übungen müssen sehr genau ausgewählt und durchgeführt werden, mit soviel Phantasie und seelischer Hingabe wie nur irgend möglich. Was für den Künstler längst selbstverständlich ist, muß auch bei dieser Therapie immer von neuem in der Zusammenarbeit mit dem Therapeuten errungen werden. Eine gleichgültige Alltagsbewegung hat kaum einen Heilwert, ganz zu schweigen von ungeliebter Pflichtübung! Nur durch Hingabe ist das tiefe Hineinwirken bis ins Organische zu erreichen.

Augenkrankheiten

Ein besonders differenziertes Gebiet heileurythmischer Behandlung ist im Zusammenhang mit der Augenheilkunde erwachsen. Nicht nur die Refraktionsanomalien, Grauer Star, Grüner Star, sondern viele Abbaukrankheiten sind dankbare Objekte. Vielleicht ist hier am leichtesten verständlich zu machen, daß bei aller Eurythmie nicht eine äußerliche Verbindung mit Sprache oder Musik, sondern eine wirkliche Wesensidentität mit diesen Gebieten die Grundlage ist.

Man macht sich wohl selten klar, wie komplizierte und vielfältige Verrichtungen zum Hervorbringen von Sprache und Tönen notwendig sind. Der Taubstummenlehrer etwa, der diese Prozesse von außen her induzieren soll, hat mit diesen Schwierigkeiten zu tun. Wie mühevoll wir das in früher Kindheit erlernt haben, wissen wir längst nicht mehr.

Der Mensch, der Laute und Töne hervorbringen kann – einmal mit dem Munde, dann eurythmisch in den Gliedmaßenbewegungen, ist auch aus diesen gleichen Kräften aufgebaut. Deshalb sind seine Störungen den gezielten Einwirkungen der Laut- und Tonwelt zugänglich.

Embryologie

Solche Gedankengänge sind freilich dem Eurythmie-Unkundigen schwierig. Eine liebevolle Beschäftigung mit den embryologischen Wachstumsbewegungen scheint uns hier eine wertvolle Hilfe zu sein. Betrachtet man z. B. die kunstvollen Kurven bei der Umbildung vom gestreckten Herzschlauch zum vierfach gekammerten Herzen, die komplizierte „Choreographie“ der Hirnentwicklung, die Tänzchen der Bogengänge, ehe sie in ihrer Endform erstarren und damit für die Funktion reif werden, dann kann man in diesen geheimnisvollen Gestaltungsvorgängen vielleicht ein Unbekanntes verehren. Wenn man dann aber die Formkräfte der Tonwelt daneben hält – in den Chladni'schen Klangfiguren oder der „empfindlichen Flamme“ direkt anschaubar, beim Tanz erlebbar –, so hat man

Schematische Darstellung der Schleifenbildung des Herzens in einfacher Linienführung (nach Klaus Goerttler).
(Benninghoff-Goerttler: Lehrbuch der Anatomie des Menschen, Bd. II)

zwei vergleichbare Gebiete, und die obige Behauptung ihrer Wesensidentität bedarf nur noch des Zündfunkens aus dem immer wiederholten Heilungsgeschehen, um annehmbar zu werden. Jede Arbeitshypothese erweist ihre Berechtigung erst aus der Fruchtbarkeit in der Prüfung des Lebens.

Rudolf Steiner hat die Forderung aufgestellt, daß die Therapie aus der Pathologie herausgearbeitet werden solle. Bei der Fraktur führt die Beschreibung der räumlichen Veränderung zum korrigierenden Vorgehen. Für die Heileurythmie wünscht er ein physiologisches Durchschauen.

Mitarbeit der Ärzte

Wenn die Mitarbeit der Ärzte an der Realisierung und weiteren Entwicklung dieser Therapie auf dem Fundament eines tieferen Sprach- und Tonverständnisses zur organischen Verbindung von Physiologie, Pathologie und Therapie beiträgt, können diese heute auseinanderfallenden Gebiete sich wieder verbinden und befruchten. Darüberhinaus können sie für das Gespräch mit dem Patienten, mit therapeutischen Helfern, vor allem den Heileurythmisten, brauchbare Begriffe und Brücken bilden und so aus der babylonischen Vereinzelung zu einer pfingstlichen Therapie-Gruppenarbeit führen. Die Anforderungen hierfür sind groß, aber das Ziel ist es auch. Nicht ein rascher Siegeslauf mit ,,umwerfenden Erfolgen" ist zu erwarten, aber ein stetiges Entwickeln und Wachsen in einem tief befriedigenden und menschenverbindenden Tun. Eine solche

Kunst trägt ihren Dank in sich und ist deshalb nicht abhängig vom raschen Erfolg – der durchaus möglich ist –, kann deshalb auch bei unheilbaren Zuständen, wie sie in der Heilpädagogik nicht selten sind, bestehen. Die einzige Bedingung ist wie bei allem Heilen das Streben, Leid in Erkenntnis zu verwandeln. Deshalb soll Heileurythmie aus der Zusammenarbeit von Arzt und Heileurythmist hervorgehen, was eine gute Verständigung zwischen den beiden voraussetzt. Jeder erlebt den Patienten von einer ganz anderen Seite, und erst das Zusammenfügen im Arbeitsgespräch bringt die Ganzheit und befruchtet dadurch die Erkenntnis.

Literatur

Wenn Kunst auch nicht aus Büchern erlernt werden kann, sei doch auf die wenigen Darstellungen verwiesen. Zunächst liegt im „Heileurythmiekurs"[1] der Wortlaut jener begründenden sechs Vorträge für Eurythmistinnen vom April 1921 und ein abschließender Vortrag für Ärzte vor. Sie sind die unerschöpfliche Quelle für alles Forschen und Tun. Aber auch im „Toneurythmiekurs"[2] (1924) sind unzählige und nur von wenigen in Angriff genommene Möglichkeiten für Heilübungen angedeutet. Aus diesen Quellen wie auch aus vielen therapeutischen Einzelangaben hat Frau Dr. Kirchner-Bockholt als klassisches Standardwerk die „Grundelemente der Heil-Eurythmie"[3] geschaffen, mit leicht überschaubaren Zusammenstellungen der Indikationen, ein Werk, das seine praktische Brauchbarkeit für Ärzte wie Heileurythmisten seit seinem Erscheinen 1962 stets neu erweist. Schließlich sei noch auf den schönen Beitrag der Augenärztin Dr. I. Knauer hingewiesen, der enthalten ist im 2. Band von Dr. Husemanns „Bild des Menschen als Grundlage der Heilkunst"[4]. Sie hat besonders für die Augenheilkunde Unschätzbares aus der Eurythmie geleistet.

Es sollte gezeigt werden, wie fast jeder Leidende grundsätzlich durch Heileurythmie gefördert werden kann, weil diese Therapie so ursprünglich aus dem tiefsten Wesen des Menschen herausgelesen ist. Ein Hemmnis ist dabei die noch ungenügende Verbreitung der äußeren Möglichkeiten. Zwar werden unentwegt Fachkräfte dafür herangebildet, die sofort in Praxis und Schulen bzw. Heimen verschwinden, aber die ärztlich-physiologische Durchdringung in der gemeinsamen Arbeit am Patienten ist noch sehr wenig ausgeschöpft.

[1] Rudolf Steiner: Heileurythmie. Acht Vorträge 1921/1922. Rudolf Steiner Verlag Dornach. Gesamtausgabe (GA) Band 315.

[2] Rudolf Steiner: Eurythmie als sichtbarer Gesang. Acht Vorträge, gehalten in Dornach vom 19. bis 27. Februar 1924. GA 278.

[3] Margarete Kirchner-Bockholt: Die Grundelemente der Heil-Eurythmie. Philosophisch-Antroposophischer Verlag Dornach [3]1981.

[4] Friedrich Husemann: Das Bild des Menschen als Grundlage der Heilkunst. Band 2: Zur Pathologie und Therapie. Verlag Freies Geistesleben Stuttgart.

Von der Heilkraft der Sprache

> ,,Und wenn der Mensch verstummt in seiner Qual,
> gab mir ein Gott, zu sagen, was ich leide."
>
> Goethe

Wie kann etwas so Alltägliches wie Sprache heilkräftig sein? Unsere Alltagssprache hat freilich wie in einer Inflation sehr viel von ihrer ursprünglichen Kraft verloren. Aber je weiter man zurückgeht, desto wesenhafter sieht man die Sprache werden. Kommt man gar zu den großen Werken der Urzeit, wie der Edda und der Kalewala, dann erscheint sie dort in einer uns unerreichbaren Kraftfülle. ,,Ursprungsworte, heilgewaltig" strömen schöpferisch durch diese alte Welt.

Aber wir wollen und können nicht mehr von dem Erbe der Vergangenheit leben. Um dem Geheimnis der Sprache näher zu kommen, schauen wir uns zunächst ihre Entstehung beim Kinde an, und dann die Erscheinungen, wenn diese Entstehung krankhaft verhindert ist.

Wenn ein Mensch ,,das Licht der Welt erblickt" – noch recht traumhaft – bekundet er diesen Lebensanfang mit einer tiefen Einatmung und dem sogleich folgenden ersten Schrei. Von da an wird nun der Atem wie ein unermüdlicher Ozean auf und nieder wogen, bis im Todesröcheln eine letzte Ausatmung das Ende zeigt. In und aus diesem Meer des Atmens und Tönens entwickelt sich nach unendlich mühsamen Vorbereitungen das Ereignis der Sprache. Lange verharrt sie im spielerischen Lallen. In dieser Zeit geht das Interesse des Kindes vorwiegend in die Gliedmaßen, die zappelnd und greifend den gegenständlichen Raum zu beherrschen suchen. Erst wenn die Händchen ihr Ziel ergreifen, die Beinchen die Schwerelinie zur Erdmitte umspielen, d. h. gehen können, wird die Lernkraft frei für das komplizierte Muskelspiel der Sprachorgane. Und die Kinder ruhen nicht, bis nach unermüdlichen, lustvollen Übungen auch hier das Ziel ,,ergriffen"wird. Aber genau so wie beim Aufrichten und Gehenlernen ist für den Erwerb der Sprache das menschliche Vorbild notwendig. Die von Wölfen aufgezogenen Kinder z. B., die vor einigen Jahrzehnten in Indien gefunden wurden, liefen und heulten wie ihre Vorbilder und lernten kaum mehr, sich menschlich zu bewegen und mitzuteilen. Nur einmal im Leben kann der Mensch so Gewaltiges lernen, wie es diese ersten Fähigkeiten sind!

Mit dem Sprechenlernen tritt der Mensch in den begrenzten „Raum“ jeweils eines Volkstums ein. In der Bibel wird uns erzählt, wie nach dem Turmbau von Babel die Einzelsprachen entstanden, wie beim Pfingstwunder diese Trennung wieder aufgehoben wurde. Jedes Kind macht sein eingeschränktes Babylon durch. Während es vorher international gelallt hat, ist es jetzt in engere oder weitere Sprachgrenzen eingeengt. (Von den Taubstummen allerdings sagt man, daß sie sich über die ganze Welt verstehen mit ihrer Zeichensprache. Ähnlich lernt der Gefangene jeder Nationalität in kurzer Zeit die Klopfsprache seiner Mitgefangenen verstehen und gebrauchen.)

Aber man kann innerhalb dieser großen Sprachgrenzen noch feinere Stufen beobachten. Der erste und bedeutendste Sprachraum ist der zwischen dem Kinde und seiner Mutter, von der es ja die „Muttersprache“ übernimmt. Mit den Familienmitgliedern, Vater, Geschwistern usw. erweitert er sich immer mehr. Jeder kennt die Beobachtung, wie das kleine Kind sofort verstummt, wenn ein Fremder eintritt. *Der* gehört noch nicht zu seinem Sprachraum und wird erst nach einer gewissen Zeit und Mühe darin aufgenommen. Aber der Raum kann sich auch wieder verengen. Als ein normal sprechendes Kind mit 4 Jahren eine Behandlung durchmachte, die schockartig eine fieberhafte Entzündung abbrach, konnte es plötzlich nur noch mit der Mutter sprechen. In der Schule wurde versucht, diese Sperre aufzulockern. Das Kind lernte gut, auch Lesen und Schreiben, aber seine Sprachgrenzen konnten nicht mehr geöffnet werden, weder durch die Kinder, noch durch den sehr geliebten Lehrer.

Schließlich hat jeder Mensch mit jedem andern einen qualitativ verschiedenen Sprachraum. Mit den meisten kann er mehr belanglose Dinge austauschen. Um sein Innerstes, sein „Herz auszuschütten", muß er einen Zuhörer gefunden haben, der selbstlos lauschen und treu bewahren kann.

In uns ruht, kaum bewußt, eine Sehnsucht nach der verlorenen Weltweite unserer ersten Kindheit. Die einen versuchen, durch das Hinzulernen fremder Sprachen sich wieder zu erweitern. Das ist freilich nie mehr so leicht wie in der ersten Lernzeit, wo mehrsprachige Kinder spielend die Grenzen hinüber und herüber wechseln und jeden Fremden zielsicher in seinem Idiom ansprechen. Aber mancher „Vielzungige" (Polyglotte) erobert sich so ein Land nach dem andern. Schliemann, der Ausgräber Trojas, soll über 60 Sprachen beherrscht haben.

In einer anderen Richtung sucht der Ästhet die Erweiterung, wenn er die künstlerische Verfeinerung der Sprache erlebt. Wir werden später noch sehen, welch große Bedeutung das Üben der Künste – besonders Sprache und Musik – für viele Leiden unserer Zeit hat. Am hilfreichsten aber für die Menschenbildung ist die Pflege des sozialen Elementes, wie es am schönsten sich im kultivierten Gespräch entfaltet. Ja, das eigentliche Wesen der Sprache kommt in der gemeinsamen Verbundenheit des Sprechenden und des Lauschenden zur Anschauung. Beide Tätigkeiten können zur höchsten Kunst entfaltet werden. In dem seelischen Austausch zerteilen sich die Einzelheiten. Merkur, der Gott der Heilenden und der Kaufleute, wirkt durch harmonische Verteilung. Wer einen verkrampften Schweiger gelöst hat, ist ein Diener des Heilgottes, so gut wie wenn er einen „Vielschwätzer" zur Mäßigkeit gebracht hat. Dem einen muß das Strömen, dem andern die Tiefe des Ozeans nahegebracht werden.

Wie wichtig ist es, Gespräche mit allen Lebensaltern und -schichten führen zu können! Wenige Menschen nur sind sich bewußt, daß man gerade von einem kleinen Kind tiefste Weisheiten empfangen kann, wenn man einmal sein Vertrauen gewonnen hat. In seinem Kauderwelsch sind freilich die Goldkörner mit manchen nachgeahmten Redensarten untermischt. Aber man muß auf den paradiesischen Untergrund lauschen und ehrfürchtig wie die heiligen drei Könige danach forschen.

Haben wir in diesen Beispielen gesehen, wie durch die Sprache

Heilsames vermittelt werden kann, so wollen wir jetzt suchen, wie das Sprechen selbst zum Heilvorgang wird. Dazu können wir uns die tragischen Fälle anschauen, wo es überhaupt nicht zustande kommt. Wenn ein Kind den Eingang in das Reich der Sprache nicht findet, meist infolge einer Schädigung des Gehirns, können die Sprachkräfte zu ungeheuren Zerstörungskräften werden. Solche Kinder schlagen wild um sich, vernichten Möbel und Kleider, werfen und spucken nach dem Erzieher.

Es sind die Marskräfte im Menschen, die entweder gebändigt in der Sprache strömen oder explosiv in den Gliedmaßen rumoren. In der dramatischen Kunst wird das Aufwühlende gestaltet, und der Hörer empfindet das auch bis in seine Gliedmaßen. Hier wird noch deutlicher als bei dem Sprechenlernen anschaubar, daß das Bewegen der Glieder und das Sprechen aus einem Strom kommt. Der Pantomime kann „sprechen" ohne den Mund, der Südländer spricht oft mit Gliedern und Mund, im Norden werden die Gesten immer ärmer.

Der Marsstrom geht aber auch in den Stoffwechsel des Menschen hinein, durch Magen, Darm, Leber und schließlich am deutlichsten in die Galle. Stoffwechselkranke verlieren leicht die Geduld, sind jähzornig und verhalten sich also ähnlich wie jene nicht sprechenden Kinder. Die Beziehung der Sprache zur Leber wird deutlich an der Redensart: „frisch von der Leber weg sprechen". Es wird darin direkt ein Hinweis gegeben, wie ein belastetes Organ durch Sprechen befreit werden kann. Wenn ein unterdrückter Mensch sich in einem Wutanfall einmal entladen kann, hat er für kurze Zeit ein nie gekanntes Freiheitsgefühl. Alle Bewegungen sind größer und leichter als sonst; wenn dann sein Schwung erlischt und sie wieder müde und gehemmt werden, dann versiegt auch beim ganzen Muskelmenschen der Lebensstrom. Der Durchbruch zur Sprache und Freiheit war noch nicht echt erworben, nur ein erborgter Rausch der einseitigen Marskräfte hatte ein Vorgefühl davon herbeigezaubert. Der Choleriker erlebt im raschen Rückfall nach seiner Schein-Revolution die ganzen Verhärtungen wieder, die besonders in der Wirbelsäule so deutlich sind.

Was so in einer Scheinblüte aufleuchtet, kann aber auch in gesunder Entwicklung, in der harmonischen Entfaltung aller Kräfte im Menschen verwirklicht werden. Dann erst spricht der ganze Organismus, dann erst ist das seltene Ereignis der vollmenschlichen Sprache erreicht. Solche Sprache ergreift mit Recht auch den Zuhörer mit unsäglicher Gewalt. Er hat das Gefühl eines Weltenereignisses und damit der vollen Wahrhaftigkeit! Die Propheten hatten einst solche Vollmacht.

Wenn man im Rechtsleben eine Aussage mit seinem ganzen Gewicht bekräftigen soll, hebt man stehend die Schwurhand. Das Stehen ist auch sonst bei jeder willenshaften Äußerung des ganzen Menschen (Redner, Priester, Lehrer) der Ausdruck des freien Strömens von den Füßen herauf bis zum Bewußtseinspol. Die Arme und Hände aber gestalten diesen Strom, sie „beschreiben". Nun gibt es in manchen ländlichen Gegenden den Aberglauben, ein falscher Schwur schade nichts, wenn man mit der linken Hand einen „Blitzableiter" nach unten macht. D. h. man fügt zu der in sich geschlossenen Wahrheitsgeste eine lügenhafte hinzu. Dieses bewußte Zerreißen der alt-heiligen Schwurgebärde zeigt aber dem Kenner die Unwahrheit. Weniger leicht sind die vielen Halbheiten und Inkonsequenzen unserer Zivilisationswelt in Sprache und Geste zu durchschauen. Wir kommen so zu einem empfindlicheren Begriff der Wahrheit: alles was nicht den ganzen Menschen ergreift, ist schon eine Abirrung, bringt seinen Lebensstrom zum Stocken, führt dadurch schließlich auch zu leiblichen Störungen. Die bewußte Unwahrheit aber erscheint von hier aus wie ein Anfang der Selbstzerstörung. So wenig der Mensch sich absichtlich Sand in die Augen streut, kann er bei klarer Einsicht so den Gleichklang seiner inneren und äußeren Kräfte beleidigen.

Unser Körper zeigt ja in seinen harmonischen Maßverhältnissen – vielfach nach dem Goldenen Schnitt – daß er berufen ist, wie ein Musikinstrument bespielt zu werden. Der reine Ton, die wahre Sprache, kommt nur zustande, wenn der Mensch seine Ganzheit vom Universum ergreifen läßt. Wie wir den Atem aus dem Lüftemeer hereinholen und dorthin wieder entlassen, so kommt auch das übermenschliche Wesen der Sprache aus himmlischen Reichen. Dem einzelnen kann durch eigenes oder fremdes Verschulden (besonders in der Kindheit) diese große Harmonie zerstört werden. Dadurch finden Leid und Krankheit Einlaß. Der Mensch „verstummt in seiner Qual". Nur ein Gott kann ihm ein neues Sprechen schenken. Das ist aber nicht die Alltagssprache, drückt auch nicht nur den eigenen Schmerz aus, sondern läßt im Mitleiden die ganze Umwelt miterklingen.

Wir stehen hier am Quellpunkt aller wahren Kunst. Das Musikalische zeigt ja seine Verwandtschaft mit der Sprache unverhüllt. In Urzeiten wie in der frühen Kindheit haben wir immer mehr ein Singen als unsere Prosasprache. Vielleicht ist es ein Rest aus dieser Menschheitsfrühe, daß auf den kanarischen Inseln ein Völkchen außer der Umgangssprache noch eine Pfeifsprache gebraucht, in der sie alle Mitteilungen auf große Entfernung und für Fremde unbemerkt pfeifen können. – Im übrigen gibt die Musik uns nicht so sehr die Bewußtseinsinhalte als das Gemüt- und Willenshafte des Textes. Die Bach-Kantaten sind herrliche Beispiele dafür.

Der entscheidende Übergang vom Bewegen zum Sprechen wird in der Kindheit in den unzähligen Reigenspielen gefeiert, von denen die Kleinen gar nicht genug bekommen können. Man möchte so manchen Erwachsenen noch einmal in den gesundenden Reigen der Kindheit eintauchen lassen! Etwas Verwandtes ist z. B. eine Geh- und Sprechübung nach dem heilsamen Versmaß des Hexameters. Dabei geht man auf jede Zeile 2 mal 4 Schritte in ruhigem Gleichmaß, von denen nur je 3 vom Text begleitet sind.

„Werdend betrachte sie nun, (4. Schritt)
Wie nach und nach sich die Pflanze (4. Schritt)
Stufenweise geführt (4. Schritt)
Bildet zu Blüten und Frucht." (4. Schritt)
(Aus Goethes „Metamorphose der Pflanze")

In dieser Übung haben wir die Sprache getragen vom ruhigen Pendelschlag des Schreitens, bei dem die Willenskräfte des unteren Menschen einen Dialog mit der Erdmitte führen. Die minutiöse Filigranbewegung der Sprachwerkzeuge oben wird aufgefangen vom Schwingen in den Nachttiefen, die dadurch korrigierend wirken auf die Gefahr des Abirrens, die in allem Gesprochenen droht. Hinzu kommt das beruhigend Wiegende des Rhythmus zwischen drei gesprochenen Vers-,,Füßen" und dem in der Pause weitergehenden 4. Schritt. Für den nervösen Manager eine Oase der Seelenruhe! Stotternd hastendes und zögerndes Sprechen, aber auch die entsprechenden Störungen des Kreislaufs und der Atmung gleichen sich hier aus.

Natürlich gibt es noch unzählige weitere Heilübungen, besonders in der neuen Kunst der Eurythmie, die aus dem Quell der Verbindung der Bewegung zur Sprache gespeist ist.

Nur noch eine Beobachtung sei hierzu angefügt. Wenn ein Mensch schreckhaft steckenbleibt – etwa das Kind in der Schule bei der Frage des Lehrers – dann hilft kein Drücken und Bohren; aber man lasse es eine leichte Bewegung energisch machen – das Kind tüchtig ums Haus rennen – und die Sprache kehrt zurück, aus den Gliedern neu gespeist. Vielleicht ist damit sogar das stockende Gedächtnis wieder gewonnen. Denn Gehen, Sprechen und Denken sind aus einer inneren Einheit hervorgegangen und bedingen sich gegenseitig. Das hat ein kleines Mädchen einmal besonders schön zum Ausdruck gebracht, als der Vater sagte: ,,Jetzt hör doch mal auf mit dem ewigen Geplapper!" – ,,Ach Vater, laß mich doch, damit ich weiß, was ich denke."

Versuchen wir das Gewonnene unter ein Gesamtbild zu stellen. Der Mensch spricht zum Menschen: er teilt sich ihm so mit, wie sein Gegenüber es fassen kann. Durch dies tastend-fühlende Sprechen und Hören gewinnen die beiden Kontakt nicht nur miteinander: Sie bereiten sich auf viel umfassendere Mitteilsamkeit vor. Denn die ganze Welt spricht unaufhörlich zu uns! Zunächst steht sie oft wie ein Rätsel vor uns. Aber mit Mut und hingebender Geduld kann man sich durch dies Dunkel hindurcharbeiten bis zum Wahrnehmen der Lösung. Jedes Rätsel will den Hörer zubereiten auf diesen Erlösungsaugenblick. Glücklich der Mensch, zu dem das Schicksal, vielleicht seine Krankheit, zu sprechen begonnen hat! Seine Spannung ist reich belohnt worden. Im rechten Ergreifen dieser Weltensprache hat er Anschluß an einen Quell des Heilens gefunden.

Hiermit haben wir einige Seiten des großen Buches der Sprache aufgeschlagen. Vor allem der kämpferische Durchbruch zu ihr, das Dramatische, wurde zu zeigen versucht. Sie hat aber auch eine Licht- und Ruheseite.

Wärme – Grundlage alles Lebens

Der Mensch ist im Gegensatz zu Pflanzen und Tieren – die auf der Erde so beheimatet sind, daß sie jeweils einem bestimmten Klima angepaßt sind – heute zunehmend unabhängig. Er kann fast überall leben, vom Äquator bis zum Pol, von der Tiefebene bis zum Hochgebirge. Er kann sich sogar wechselnd an verschiedene Zonen gewöhnen und vorübergehend die Grenzen der Lebensbedingungen überschreiten, die sonst gezogen sind. Innerhalb der einzelnen Elemente sind die Tiere Meister: z. B. Maulwurf und Erdferkel in der Erde, Fische im Wasser, Vögel in der Luft. Allein das Element des Feuers ist keinem Tier vertraut; das Feuer handhabt nur der Mensch – besonders auch das innere. Die Wärme ist also seine eigentliche „Heimat", in ihr lebt das Ich. (Nietzsche: „Flamme bin ich sicherlich.")

Im Körper muß die Temperatur gegen die verschiedenen Störungen von außen oder innen kunstvoll ausbalanciert werden. Eiskalte Atemluft, heiße oder kühle Getränke, vor allem aber die Tätigkeit des Menschen (Bewegung), beeinflussen die Temperatur ständig. Alle diese Einwirkungen werden aber abgefangen, auf 37 Grad Celsius ausgeglichen, die wir im Inneren messen. An den Füßen sollten etwa 30–33 Grad erreicht werden. Der Ausgleich dieser Temperaturdifferenzen erfolgt sehr genau. Das strömende Blut gleicht hier immerwährend aus. Dies ganze räumlich-zeitliche Geschehen kann als ein selbständiger Wärme-Organismus begriffen werden. In täglicher Übung im Umgang mit der Wärme bildet der Organismus eine Wärmekurve, die bekanntlich am Abend etwas höher liegt als am Morgen.

Die erstaunlichste Leistung dieser geheimnisvollen Autonomie ist das Verwandeln von Kälte in Wärme. Im Winter können wir lernen, den stärkeren äußeren Kältereiz mit desto intensiverer innerer Wärmebildung zu beantworten, und ähnlich wird auch die Sommerwärme „verdaut". Das ist eine Fähigkeit unseres Wärme-Organismus, vor allem unserer Haut, und wenn diese Fähigkeit nicht genügt, gibt es Erkältungen. Diese entstehen meist bei Temperaturübergängen, aber es wird auch verständlich, daß selbst bei großer Hitze „Erkältungen“ auftreten können. Ein gleichbleibend einseitiges Ungenügen der Anpassung führt zu typischen Empfindlichkeiten: Es gibt Menschen, denen es nie warm genug sein kann, die sich erst in einem südlichen Klima ganz wohlfühlen; andere leiden unter Wärme-Unverträglichkeit. Schwieriger wird es, wenn sich beides kreuzt – beispielsweise der Kopf Kühle verlangt, während die rheumatischen Glieder Wärme brauchen. An solchen Menschen zeigt sich, daß es eine Lösung der Schwierigkeit nicht allein durch Ausweichen in eine verträgliche Temperatur gibt, sondern daß die menschliche Grundkraft, alles überwinden zu können, gestärkt werden muß.

Wie macht man das? Oft spricht man von Abhärtung, die allzu häufig nur in der Anwendung von Kälte gesucht wird. Aber selbst der Altmeister Kneipp (1821–1897) war sehr vorsichtig damit und gebrauchte Kälte nur als Mittel, um mit ihr Wärme zu erzeugen. Wo das durch Kälte allein nicht gesichert war, verordnete er zum Beispiel wechselwarme Wasseranwendungen oder den dampfheißen Heusack. Der heutige Mensch, oft schon von Kind auf in seiner Wärmeregulation geschädigt, muß noch weit mehr Rücksicht nehmen auf seine durch Streß geminderte Reaktionsfähigkeit als der Mensch des vorigen Jahrhunderts. Ein wichtiges Kennzeichen für den Wärmehaushalt ist die Temperatur der Füße (zwischen den Zehen zu messen): ist sie unter 30 Grad, so muß durch wärmende Maßnahmen, vor allem durch Bewegung, das Soll aufgefüllt werden. Viel kann dafür auch durch eine gesund wärmende Kleidung getan werden. Die heutige Mode diktiert besonders den Frauen eine Bekleidungsart, bei der meist nur um 20 Grad an den Füßen erreicht wird. Die modernen synthetischen Stoffe haben hervorragende technische Eigenschaften – zur Gesundung des Menschen können sie nichts beitragen. Dagegen sind Wolle und Seide als Naturstoffe menschenfreundlich, ebenso Daunen (auch Naturstoff) – schließlich braucht der Vogel, von dem sie stammen, für seine Brut eine sehr starke Wärmestauung. Deshalb sind Daunenbetten für Menschen, die sich tagsüber viel im Freien betätigen und nachts desto mehr in sich „brüten" wollen, recht verträglich. Wer geistig arbeitet, wird allerdings auch hier die Wolle vorziehen.

Wenn wir für die Raumheizung die Rückkehr zum alten Holzfeuer als das Beste preisen, so kommen wir zwar in den Ruf des Romantikers, doch beweist die steigende Anzahl der offenen Kamine, daß immer mehr Menschen mindestens für den Feierabend das lebendige Flammenspiel suchen und darin die Begegnung mit einer verlorengegangenen Wärmequalität finden. Die Wärmequalität spielt auch für die Nahrungsmittel eine heute noch nicht recht beachtete Rolle. Der Einfluß langen Kochens ist bekannt, doch welchen Eingriff in das Gefüge der Nahrung bedeutet die tiefe oder lang anhaltende Abkühlung im Kühlschrank? Da der Nähr- und Gesundungswert gerade auf solchen Feinheiten beruht, wird verständlich, daß die übliche Massenverpflegung mit technischem Einsatz wenig befriedigt.

Das gilt in besonderem Maß für alle Heilmaßnahmen. Hier sollte die elektrische Wärmeerzeugung auf den Notfall beschränkt bleiben: statt des Heizkissens sollte die Wärmflasche, noch besser der Sand- oder Heusack genommen werden. Auch die elektrische Erwärmung zum Beispiel der Sauna usw. schafft nicht die gleiche heilsame Atmosphäre, wie es mit Holzfeuerung möglich ist. Man kommt durch genaue Beobachtung unweigerlich zu dem Begriff der *Wärme-Qualität*, den man sich heute neu erringen muß.

Nur wenig Menschen können sich die in diesem Sinne günstigsten Lebensumstände schaffen; meistens genügt es auch, wenigstens das Mögliche zu tun. Hat man einmal beherzt einen Anfang gemacht, so öffnen sich oft Tore, die verschlossen schienen. Denn das Tun ist selbst ein Wärme-Ereignis! Ein frierender Mensch kann sich schlecht entschließen, eine kalte Hand ist ungeschickt und schließlich ganz bewegungsunfähig. Woher aber soll der Anfang kommen, wenn die Startwärme fehlt?

Die bisherige Betrachtung hatte die physisch meßbare Wärme, die den Menschen umgibt, im Blick. Es gibt aber noch unsichtbare Wärmequellen in den Tiefen der Menschenseele, aus denen das innere Feuer kommt. Es kann sich in der „warmen" Stimme äußern –

oder verborgen bleiben, nur dem anderen Herzen wahrnehmbar. Das Herz ist ja Quellpunkt und Ziel dieser Wärme. Für eine Herzensangelegenheit ist man „Feuer und Flamme". Ob in einer Menschengemeinschaft harmonisches Gedeihen lebt oder anonyme Unverbindlichkeit herrscht, entscheidet sich an der Beschaffenheit der Herzen. Besonders schicksalhaft ist dies für die Kinder (oder die Abhängigen einer Gemeinschaft), denn auch ihre leibliche Wärme kann sich ohne die tiefere Wärmequelle nicht recht entwickeln. Ebenso notwendig ist ein derartiges „Heilklima" für alles Therapeutische; sämtliche äußeren Faktoren können es nicht ersetzen. Und weil das Heilen zu den Künsten gehört, sind alle anderen Künste ihm verwandt und förderlich.

Heute können wir für den Herzinfarkt einwandfreie leibliche Vorzeichen noch nicht angeben; ein Mensch kann ihn erleiden, auch wenn er „ohne Befund" eben aus der Klinik kam. Vielleicht wird man einmal das Seelenfeuer ganz objektiv, nicht nur „poetisch", als wesentliches Kriterium der Diagnose hinzuziehen und so das Geheimnis von höherer Warte betrachten können. Alles Reden von der Seele bleibt unreal, wenn man sie nicht in ihren Erscheinungen klar erkennen kann. Virchow (1821–1902) soll gesagt haben, er habe bei unzähligen Leichensektionen keine Spur einer Seele finden können. Man muß dem entgegnen, daß die Seele nur beim Lebenden zu suchen ist. Für die Wärme heißt das: aus der inneren seelischen Wärme geht die leibliche hervor und erneuert sich in gesunden und kranken Tagen immer wieder aus ihr. Das Rätsel der scheinbar nur leiblichen Wärme hat, so betrachtet, einen neuen Aspekt. Warum hat beispielsweise jemand kalte Füße und als Folge Kopfschmerzen oder Denk-Erschwerung? – Das kann so zusammenhängen: Seine Seele ist noch zu wenig auf der Erde angekommen, kann den harten Tatsachen nicht warmherzig begegnen und sie tatkräftig angehen. Daß dies nicht nur symbolträchtige Bilder sind, kann man bei eintretender Heilung erkennen: beide Seiten bessern sich gleichmäßig. Die „psychosomatische" Forschung kennt zahllose ähnliche Beispiele.

Woher aber kommt das Seelenfeuer? Hier nun mag ein Bild helfen: Die Flüsse tragen das belebende Naß durch das Land, ähnlich der Wärme im Körper. Sie holen es aus den Gebirgen mit ihren schier unerschöpflichen Gletschern, und die haben es aus jahrelangen Schneefällen, also aus Himmelshöhen. So hat die seelische Wärme ihren „Himmel" im Geistesfeuer, aus dem sie gespeist wird. Während die Seele das intimste Private eines Wesens umschließt, öffnet sich der Geist dem Universum. (Als Schubert die Musik zum „Erlkönig" konzipierte, trafen ihn seine Freunde „ganz in Feuer".)

Damit ist die höchste Herkunft der Wärme andeutend berührt – als Seelenfeuer will sie das menschliche Zusammenleben beschenken. „Wohltätig ist des Feuers Macht, wenn . . ." Aber wehe, wenn sie, zurückgestaut und wild geworden, verheerend ausbricht als ungezügelte Leidenschaft! Nur die Rückwendung zum läuternden Geistesfeuer kann dann Heilung und Harmonie wieder herstellen. Im Herzens-Wärmeorgan lebt ja auch die Stimme des Gewissens, die den Weg zeigen kann. Wenn der Mensch die ihm geschenkten Wärme-Ströme geordnet handhaben kann, führt dies zu einem leuchtenden Verwandeln im Alter. Die aus richtiger Verwendung gewonnene Kraft strömt auf die ganze Umgebung über. Außer den Mitmenschen trifft sie hier die Tier- und Pflanzenwelt, die Elemente. Sie kann in achtlosem Egoismus diese Reiche verseuchen, wie das heute weltweit der Fall ist. Sie wird aber auch, zur Selbstbesinnung gekommen, die ganze Umwelt einmal emporheben können in einen menschenwürdigen Zustand. Der gereinigte Begriff der Wärme, als ein Himmelsgeschenk gedacht, bedeutet den Anfang einer Gesundung der lebendigen Erde.

Wie sollen wir uns kleiden? Ein Wort zur Wolle

Der Textilmarkt überschüttet uns mit immer neuen Kleidungsstoffen, die alle möglichen Eigenschaften haben und deshalb für viele technische Bedürfnisse höchst brauchbar sind (z. B. die feuerfesten Asbestanzüge). Aber eines fehlt ihnen allen: das Leben!

Seit Urzeiten hat sich der Mensch in Stoffe aus dem Pflanzen- und Tierreich gekleidet. Was Wunder, daß er jetzt ebensogut die Substanzen seiner jetzigen Umwelt heranzieht? Hat man doch in Gießereien auch schon Schwalbennester aus Eisenteilen gefunden!

Oder sollte es für den immer mehr in die Maschinenwelt gezwungenen Zeitgenossen ein spontanes Bedürfnis sein, gerade an seiner Haut etwas Menschen-Näheres zu haben; als Schutz gegen allzuviel Fremdes, ähnlich dem Asbest der Feuerwehr? Früher entschied der Instinkt solche Fragen, heute muß man eine andere Kraft dafür anrufen. Etwa könnten Versuchsreihen über Gesundheit und Leistungsfähigkeit bei dieser oder jener Bekleidung durchgeführt werden, die natürlich über längere Zeit laufen müßten. Solche Experimente und Untersuchungen sind in großer Anzahl gemacht worden, z. B. schon von dem berühmten Stuttgarter Prof. Jäger. Aber heute wäre es schon nicht mehr leicht, die wirklich echten Naturstoffe hierfür zu stellen. Selbst „reine Wolle“ darf nach den Vorschriften Beimengungen enthalten; daß aber schon die übliche Zubereitung – Spinnen, Weben, Appretieren, Waschen und besonders Färben – die Lebendigkeit fortwährend verschleißt, ist mangels des Vergleichs heute kaum jemand bewußt. Ein „ungequälter“ Stoff – die heutigen rasanten Textilmaschinen stellen zwar alle Geschwindigkeitsrekorde auf, sind aber für den Stoff wie für den damit Arbeitenden mörderisch! – zeigt dem tastenden Finger und noch mehr im Gebrauch Eigenschaften, die man bei Kunststoffen vergeblich sucht. Man könnte es vergleichen mit dem Streicheln einer Katze, eines Fohlens. Stoffe aus solcher Wolle sind schier unverwüstlich und halten sich nicht nur viele Jahre, sondern oft mehrere Generationen lang in dieser Schönheit – was freilich den heutigen Markt- und Modegebräuchen völlig entgegenläuft. Aber müssen unsere Kinder auch schon der Willkür einer „Wegwerf"-Unart unterworfen werden? Und auch für den Kranken ist die Mode etwas Sekundäres. Naturstoffe sind gesund! Der Rheumatiker spürt ähnliche Hilfe davon wie vom altbekannten Katzenfell; der Nervöse fühlt sich beruhigt und geborgen. Nun gibt es aber Überempfindliche, die eine direkte Berührung mit der Wolle nicht vertragen. Hier kann die Seide, als Futter oder nur als Beimengung in die Wolle, hilfreich sein. Für den Geistesarbeiter ist wollene Kleidung so förderlich, weil in dieser Atmosphäre gerade die höheren Seelenfähigkeiten des Menschen sich freier entfalten können. Dagegen ist der Kunststoff lebensfeindlich.

Der kindliche Organismus ist in seinen höheren Entwicklungskeimen wohl von ähnlicher Empfindlichkeit. Aber auch die leibliche Gesundheit gedeiht am besten bei ausreichend warmer Umhüllung besonders des unteren Körpers (Knie und Fuß). Wenn ein Kind sich immer wieder erkältet, sollte man einmal regelmäßig seine Fuß-Temperatur messen. Dazu steckt man ein Thermometer zwischen ersten und zweiten Zeh und sollte hier etwa 30° C oder mehr vorfinden; das Defizit zeigt die Gefahr neuer Erkrankung.

Wie die Wolle dem Menschen freundlich ist, so ist es das Schaf für die Landschaft. Ein verödetes Brachland verwildert, verstrüppt in einigen Jahren; eine Schafherde aber bringt in kurzer Zeit gedeihliche Ordnung in diesen Wildwuchs und läßt fruchtbares Weideland erstehen. Man schätzt bei uns rund 200000 ha solcher Brachflächen, die den „Biß und Tritt" des „Pfennigsuchers" brauchen. Das Schaf ist sparsam im Nehmen, aber wahrhaft groß im Geben: Wolle, Vließ, Fleisch, Milch – und nicht zuletzt der vom Bauern so hoch geschätzte Dünger. In seiner Leber hat es unter allen Tieren den höchsten Gehalt an Kupfer, diesem so freundlichen Metall (die Ratte hat am wenigsten!)

Nachdem rein wollene Stoffe und Kleider schon fast vom Markt verschwunden waren, tauchen sie jetzt überall auf und werden durch steigende Nachfrage weitere Verbreitung finden. Es sind gerade die jüngeren Käufer, die sich vom „Synthetischen" abwenden und immer mehr die Ursubstanzen wollen. Wenn sie das aus einer tieferen Überzeugung tun, werden sie sich nicht von der nächsten Mode darin beirren lassen, und die gesunde Entwicklung der Kinder wird sie überzeugen können, daß sie damit auf dem rechten Weg sind.

Krankheit als Schicksal – Entwicklungshemmnis oder -förderung?

Wenn die Heerstraßen des Großverkehrs überfüllt sind und man auf Nebenstraßen ausweicht, dann kommt man vielleicht in eine wechselvolle Hügellandschaft, die man sonst nie gesehen hätte. Zwar erreicht man sein Ziel später, hat aber doch Unerwartetes hinzugewonnen.

Ist es nicht ähnlich, wenn ein Mensch durch eine Krankheit aus der bisherigen Lebensbahn in ein fremdartiges Leben gezwungen wird? Auch wenn wir von besonders schmerzvollen Erkrankungen absehen, ist dies doch oft überraschend und beschwerlich. So ist es kein Wunder, daß die meisten Menschen sich empört oder mindestens ablehnend von diesem lästigen Einbruch in ihr gewohntes Dasein abwenden. Ist das aber sinnvoll?

Jeder muß einsehen, daß diese Antipathie sicher nichts hilft, vielleicht aber schadet. Und ist nicht ein Geschick, dessen Zusammenhänge man einsieht oder wenigstens ahnt, viel leichter zu ertragen? Könnte man gar eine verständnisvolle Sympathie dafür erringen?

Das Wunder der Heilung

Der Zustand nach einer voll ausgeheilten Krankheit unterscheidet sich sehr vorteilhaft von der vermeintlichen „Gesundheit“ vor ihrem Ausbruch. Graue ausweglose Öde vorher, der Paradiesesgarten einer allgemeinen Verjüngung als Endergebnis! So erzählte ein vom Typhus Genesener, er habe sich danach jahrelang so unbeschreiblich wohl gefühlt, daß er diese Erkrankung am liebsten noch einmal durchmachen wolle. Aber nicht nur ein solches Neugeboren-Sein ist das Kennzeichen echter Heilung. Es gehört noch die wichtige Erkenntnis dazu: Warum und wie es zu diesem „Umweg“ im Lebenslauf kommen mußte! Wie am Anfang die dunkle Frage quält: woher? wozu?, so will sich aus der Krise die Antwort gebären: als Einsicht, oft auch als neue Fähigkeit.

Hier muß leider zugegeben werden, daß heute solche Heilungen beinahe selten geworden sind. Aber gerade deshalb ist es so wichtig, das unverfälschte Urbild in die Erinnerung zu rufen oder doch in der Vorstellung aufzubauen. Je mehr Menschen das ehrliche Ringen um Heilung erleben, desto eher kann das feige Ausweichen in die Selbsttäuschung überwunden werden, können Krankheiten wieder ihr Ziel erreichen.

Kinder-Krankheiten

Was hier gemeint ist, läßt sich am schönsten an den Erkrankungen zeigen, mit denen das Kind seinen Platz auf der Erde erkämpfen will. Aber auch hier stehen sich zwei Meinungen gegenüber: Während die eine am liebsten alle Krankheiten ausschalten möchte, gewinnt die andere aus dem Beobachten ganzer Lebensläufe ihre Überzeugung von der Notwendigkeit solcher Auseinandersetzung. Sie kann darauf hinweisen, daß unter den Kindern, die wenig oder gar keine Kinderkrankheiten durchgemacht haben, viele Kümmerlinge sind, die sich und anderen zur Last fallen, die den Entscheidungen ausweichen, weil sie ihnen nicht gewachsen sind. Oft werden sie Neuropathen, die nur in einem beschützten Dasein gedeihen können.

Ein kleines Mädchen war auf dem besten Wege zu solcher Entwicklung; seine Eltern hatten es aus Furcht vor Ansteckung von allen Kinderbegegnungen ferngehalten. In seiner Einsamkeit tauchte ein Zwerglein als Spielgefährte auf, zwar für die Eltern nicht sichtbar, aber der Kleinen eine absolute Wirklichkeit. Sie wird zu einem Kinder-Psychiater gebracht, der sofort den Kindergarten anordnet! Aber die „Sinnestäuschung" hält an – bis ein heftiger Scharlach das Wunder vollbringt. „Is' fort, das Zwerglein", stellt sie ernüchtert fest. Sie kann nun ihren Zauberwinkel hinter sich lassen und der Außenwelt begegnen. Durch die verwandelnde, aufschließende Kraft der Fieberkrankheit ist sie der Gefahr der Vereinsamung entgangen.

Man kann dieses Geschehen noch von anderen Seiten betrachten. Wenn man Kinder viel malen läßt – wie das in den Waldorfschulen möglich ist–, so kann es vorkommen, daß die roten Farben immer mehr überhandnehmen, schließlich ist das ganze Bild wie in Rot getaucht. Jetzt bricht das Fieber aus, malt das Rot am Kinde selbst! Sobald die Zeichen sich mildern, verlangt das Kind wieder seine Malsachen; aber wie anders ist jetzt die Farbgebung! Rot ist fast verschwunden, und das kühle Blau beherrscht das Feld.

Wer in falsch verstandener Fürsorge seinem Kind alle Auseinandersetzungen ersparen will, beraubt es dieser Erneuerung seiner Lebenskräfte. Es ist damit ähnlich wie mit der Welt der Märchen, die manchen Eltern auch „zu grausam" scheinen für ihre Lieblinge. Demgegenüber schreibt Asperger in seinem Lehrbuch der Heilpädagogik, „daß das Schauerliche im Märchen nicht Angst erzeugt, sondern – heilt". Das Kind will sich in alle Reiche, vom Himmlischen bis in die Finsternis des Daseins, einleben und verlangt mit der Zeit alle Gemächer seines Schlosses zu sehen, gerade auch die abgelegenen und düsteren.

Die Krankheiten der Erwachsenen

Sie können neu verstanden werden aus einer solchen Betrachtung ihrer Vorläufer. Freilich sind sie recht anders. Sie treffen kein unbeschriebenes Blatt; denn hier hat das Schicksal schon so manche Rune eingezeichnet. Die Reaktionskräfte sind nicht mehr ungebrochen, und so wird auch immer seltener das Endergebnis der vollen Wiederherstellung erreicht. Bleibt gar der Schwung auf halbem Wege stecken, so wird sich statt der Heilung ein Zustand chronischen Leidens anschließen. Kein Friedensschluß, sondern ein festgefahrener, kalter Krieg; jederzeit kann das Feuer wieder auflodern. Das sieht dann oft wie eine neue Krankheit aus und ist doch nur Fortsetzung in Variationen. Dieses Bild könnte hoffnungslos erscheinen. Aber wie es im Krieg Entlastungsfeldzüge gibt, so kann man bei genauem Zusehen in vielen Erkrankungen das Heilende erkennen, oder auch einen Schutz vor Schlimmerem. Man bemerkt es zuerst nur bei ganz auffälligen Heilverläufen, um es dann bei den mehr versteckten als Prinzip auch wahrzunehmen.

Eine ältere Frau hat seit Jahren einen zunehmend versteiften Hals. Nach einem Schnupfen, der so heftig war „wie noch nie", kann sie den Kopf wieder drehen, als sei er nie behindert gewesen. Jeder Verhärtungszustand, wie diese Arthrose, wird durch einen auflösenden Katarrh, eine Entzündung, ein Fieber gebessert. Leider kommt das gar nicht so häufig in solcher Klarheit vor, denn der „Verhärtungskranke" hat wenig Neigung, beispielsweise Katarrhe bzw. Fieber zu bekommen. Auch in unserem Falle war der Schnupfen nicht von selbst gekommen, sondern als Ergebnis längerer Heilbemühungen, besonders nach Massagen. Eine ähnlich entlastende Heilwirkung haben zumeist auch Katarrhe anderer Organe, wie Magen, Darm und Harnwege.

Hausmittel gegen Depressionen

Und auch die Verhärtung kann in verschiedenen Bereichen sich abspielen. Eine junge Frau litt an Depressionen mit Selbstmordideen. Nachts stöhnte sie im Schlaf so laut, daß Nachbarn geweckt wurden. Eine künstlich erzeugte Hautreizung – durch Auflagen von rohem Meerrettich war der ganze Rücken wund – befreite die Seelenspannung schlagartig! Diese Wirkung von der Haut auf das Innere ist sehr bedeutsam und spielt eine große Rolle bei den immer mit Hauterscheinungen beginnenden Kinderkrankheiten.

Die „härteste" leibliche Krankheit ist der Krebs. Mit großer Kraft hält er sich alle Lösungsprozesse fern; auch diese Patienten erkälten sich kaum einmal. Es muß schon eine starke Fieberkrankheit kommen, um solcher Härte zu begegnen. Hier ist die Heilwirkung der Wundrose auf Hautkrebs zu nennen, die bis zur Ausheilung gehen kann. –

Diese wenigen Beispiele, aus der unendlichen Fülle des Lebens herausgegriffen, mögen andeuten, wie die Krankheit als gütiger, freilich oft auch heroischer Helfer zur Entwicklung erlebt werden kann. Einige Glückliche können das schon während des Ereignisses einsehen. Sie ertragen leicht alle Unbill und verpassen nicht, die schönste Frucht mit der Heilung zu ernten: die Schicksalseinsicht. Dann sind sie aber auch die berufenen Samariter für jene Mitmenschen, deren Schicksalslast zu groß für den einzelnen ist, so daß sie nur gemeinsam getragen werden kann.

Harmonisches Altern ist eine Kunst, die man lernen kann

Man kann den menschlichen Lebenslauf sowohl von der Mitte als auch von den Enden her betrachten. Jugend und Alter entsprechen sich polarisch. Sehen wir uns ein Neugeborenes und einen alten Menschen an: Schlaf, rosige Haut, Quellfrische strahlen unschuldvoll in der Wiege; in das Greisenantlitz haben sich die „Runen des Schicksals“ eingeschrieben. „Oma, warum bist du so zerknittert?“ fragt ein Kleiner beim Spaziergang. Der menschliche Körper – in der Kindheit weich und wasserreich – wird im Alter immer trockener und unbeweglicher. Ist das Leben also ein Verlustgeschäft? Oder ist vielleicht diese reiche, goldene Kindheit die Keimstufe zu erfüllter Reifung, die erst im Alter ihren Höhepunkt erreicht?

Auch Pflanze und Tier sind am Anfang lieblicher. Formenfülle, Früchte, Fähigkeiten aber werden erst später vollendet! Freut sich doch das kleine Kind auf nichts mehr, als darauf: „wenn ich erst mal groß bin!“ Aber mit diesem Älterwerden tritt auch das auf, was Pflanze und Tier nur in Andeutung kennen: Schicksal und Krankheit. Und gar oft verzehren diese das ganze Kapital, ehe die Reife erreicht ist. Muß das sein? Könnte man nicht die Jugendkraft ins Alter hineinverwandeln? Hierfür sollen einige helfende Anregungen auf geistigem, seelischem und leiblichem Felde gegeben werden.

Der Geist ist die beweglichste, durchdringendste, die eigentlich menschliche Kraft, die alles zusammenfaßt. Ein sehr berühmter Arzt, Metschnikoff, hat einmal die Beschäftigung mit Goethes „Faust“ gegen die drohende Sinnentleerung und damit zusammenhängende Sklerose empfohlen. Man kann das auf das ganze Werk dieses vielseitigen Geistes: die goetheanische Natur- und Geisteswissenschaft und ihre weiteren Ausgestaltungen, erweitern. Nur die Kräfte können erhalten bleiben, die ständig regsam gebraucht werden. Dabei sollte das lebenslang Erarbeitete die Grundlage bilden, aber aus seinen engen Gleisen ins Große des menschheitlichen Zusammenhangs geführt werden. Künstlerische Betätigung z. B.

kann ungeahnte Fähigkeiten ans Licht bringen. Verdiente Männer in Japan, die sich aus ihren Ämtern zurückziehen, gehen gern an den Amboß und schmieden Samurai-Schwerter. Eine taktvoll ausgeübte Beratertätigkeit hat schon viele vom „Pensionierungstod" errettet. Frauen wirken gern in Wohltätigkeitsverbänden, wenn die eigene Familie ihrer Fürsorge entwachsen ist und entgehen so manchem Kummer des Klimakteriums. Die irische Hausfrau, die ihren persönlichen Schmerz über die Zerfleischung ihres Volkes in eine Erhebung aller Frauen einmünden läßt, zeigt die Richtung, wie alles Leid tragbar wird, sobald es aus seiner Vereinzelung heraus erlöst wird. Sie zeigt aber auch, daß erst die tiefe Ergriffenheit, ein völliges Aufgehen in solchem Tun, befreit!

Die zwischenmenschlichen Beziehungen sind das eigentliche Feld des Seelischen. Wie oft bleiben sie im Berufskampf vernachlässigt. Das führt zur Vereinsamung, die in der Mitte des Lebens noch überspielt werden kann, im Alter aber fast unüberwindliche Mauern aufrichtet. Hier ist nun für viele ein Weg offen, der unbelastet von den Hemmungen der Vergangenheit in die fruchtbarste Menschenverbindung leiten kann: der zum kleinen Kinde! Das Urbild waren die Großeltern, die den Kleinen die Märchen erzählten, beide in verschiedener Weise in dieser wahrheitsvollen Zauberwelt beheimatet. Auch in den heutigen sozialen Verzerrungen – z. B. durch die so unentbehrlichen „Alterskasernen" – müssen Wege zur Rückbindung von Jung und Alt gefunden werden; denn sie gehören zusammen, wie Biene und Blüte. Über diese Brücke können dann auch die anderen Lebensalter wieder angeschlossen werden. Gemeinsames Tun, z. B. Handarbeiten, knüpft ganz unbemerkt die Fäden, auf denen viele Seelenströme sich an- und ausgleichen können. Dagegen wirkt „gemeinsames" Sitzen vor dem Flimmerkasten nur isolierend . . .

Die Hilfen, die am Körper ansetzen, sollen in ihrer Auswirkung ebenfalls den ganzen Menschen ergreifen. Das gilt für Medikamente so gut wie für Tätigkeiten. Das Präparat Scleron z. B., aus Honig, Blei und Rohrzucker kunstvoll zubereitet, wirkt vor allem Verhärtungen entgegen. Es gehört zu den Heilmitteln für „typische Erkrankungen" und sollte schon von der Lebensmitte an in gewissem

Rhythmus genommen werden. Im Einzelfall wird der Arzt natürlich auch variieren und mit anderen Mitteln abwechseln. – Im Gliedmaßenbereich treten Verhärtungserscheinungen häufig in den nur allzu bekannten rheumatischen Beschwerden auf. Durchlebende Bewegung und das rechte Maß an Durchwärmung können helfen, der Schwere- und Ablagerungstendenz etwas entgegenzusetzen und den Fluß des Blut- und Lymphstromes anzuregen. Eine Unterstützung sind hier Bäder, Massagen und Einreibungen.

Ganz besonders ist auch hinzuweisen auf das Weleda Birken-Elixier, das die Nierentätigkeit und den Flüssigkeitshaushalt anspricht. Durch die kurmäßige Anwendung von Birken-Elixier wird auf natürlich schonende Weise die Ausscheidung von Ablagerungen gefördert.

Im allgemeinen richten sich die pflegerischen Maßnahmen besonders auf eine Belebung der Hautatmung, Harmonisierung der Ernährung und des Bewegungsmenschen. Das so weit verbreitete tägliche Duschen ist durchaus nicht allen zuträglich und kann durch trockene Abreibungen, Ölmassagen und seltenere Arzneibäder, vor allem am Morgen mit Rosmarin und abends mit Lavendel, abgelöst werden. Die Haut der meisten Menschen ist zu dicht und undurchlässig geworden und braucht solche Anregung. Bei dem häufigen Altersjucken aber muß man die ätherischen Öle sorgfältig ausprobieren, in schlimmen Fällen sogar ganz meiden und dann durch Nieren- oder Darmanregung ein anderes Ventil zu eröffnen suchen.

Bei der Nahrung hat das frühere Dogma von dem hohen Eiweißbedarf viel Unheil angerichtet. Gerade der ältere Mensch sollte nur sehr sparsam damit sein, denn es kann die Sklerose sehr fördern und die Seelenatmung immer stickiger werden lassen. Der leibliche Stoffwechsel tritt naturgemäß immer mehr zurück und macht damit Platz für ein sich abklärendes Bewußtsein. – Für die Regulierung der täglich nötigen Bewegung sorgt oft ein Tierlein, das mit Lust und Ausdauer um seinen Spaziergang wirbt. Das eigentlich Menschliche kann durch die auch die Seele mit erfassenden Übungen der Eurythmie, der durch Rudolf Steiner geschaffenen Bewegungskunst, in besonderer Weise bereichert werden. „Der Mensch ist so alt wie sein Kreislauf" sagt ein wahres Wort, dieser Mensch aber braucht sinnvolle Reize in der richtigen Dosierung.

Über allem Tun und Lassen aber muß die starke Überzeugung stehen, daß das Alter kein Abstellgleis für altes Eisen ist, sondern wahrhaft die Krone des Lebens. Dekadenz und Krankheit trüben freilich sehr dieses Bild. Desto notwendiger ist es, den Blick darauf immer wieder zu erneuern. Dadurch lernt man allmählich, die auch durch alle schicksalsbedingten Verzerrungen aus der Tiefe heraufschimmernde Wahrheit zu erspüren: harmonisches Altern ist eine Kunst, die man lernen kann.

SOZIALHYGIENISCHE SCHRIFTENREIHE

Herausgegeben vom Verein für ein erweitertes Heilwesen

1 Walter Bühler
Der Leib als Instrument der Seele
8. Auflage, 87 Seiten, kartoniert

2 Werner Christian Simonis
Taschenbuch der häuslichen Krankenpflege
5. Auflage, 103 Seiten, kartoniert

3 Werner Christian Simonis
Korn und Brot
3. Auflage, 160 Seiten, kartoniert

4 Werner Christian Simonis
Genuß aus dem Gift?
Kaffee, Tee, Kakao, Tabak, Alkohol und Haschisch.
3. Auflage, 136 Seiten mit Abbildungen, kartoniert

5 Werner Christian Simonis
Wolle und Seide
Bekleidungshygienische Betrachtungen.
3. Auflage, 80 Seiten, 8 Fototafeln, kartoniert

6 *Soziale Hygiene*
Seelisch-geistige Selbsthilfe im Zeitalter der Lebenskränkung.
2. bearbeitete Auflage, 240 Seiten, kartoniert

7 Udo Renzenbrink
Ernährung unserer Kinder
4. Auflage, 203 Seiten, kartoniert

SOZIALHYGIENISCHE SCHRIFTENREIHE

Herausgegeben vom Verein für ein erweitertes Heilwesen

8 *Mit Kindern leben*
Zur Praxis der körperlichen und seelischen Gesundheitspflege.
280 Seiten, kartoniert

9 Udo Renzenbrink
Ernährung in der zweiten Lebenshälfte
208 Seiten, kartoniert

10 van Benthem/Bos/Visser/de la Houssaye
Krankenpflege zu Hause
auf der Grundlage der anthroposophisch orientierten Medizin.
2. Auflage, 164 Seiten, kartoniert

11 Georg Kühlewind
Vom Normalen zum Gesunden
Wege zur Befreiung des erkrankten Bewußtseins.
244 Seiten, kartoniert

12 Olaf Koob
Erkennen und Heilen
Anthroposophische Gesichtspunkte zur seelischen Hygiene.
176 Seiten, kartoniert

14 Petra Kühne
Lebensmittelqualität und bewußte Ernährung
Ein Ratgeber für die Vollwertküche.
240 Seiten, kartoniert

VERLAG FREIES GEISTESLEBEN

RUDOLF STEINER THEMENTASCHENBÜCHER

Themen aus dem Gesamtwerk

1 WEGE DER ÜBUNG
Herausgegeben von *Stefan Leber* · 2. Auflage, 256 Seiten

2 SPRECHEN UND SPRACHE
Herausgegeben von *Christoph Lindenberg* · 2. Auflage, 173 Seiten

3 ZUR SINNESLEHRE
Herausgegeben von *Christoph Lindenberg* · 2. Auflage, 155 Seiten

4 VOM LEBENSLAUF DES MENSCHEN
Herausgegeben von *Erhard Fucke* · 2. Auflage, 255 Seiten

5 ERDE UND NATURREICHE
Herausgegeben von *Hans Heinze* · 2. Auflage, 224 Seiten

6 NATURGRUNDLAGEN DER ERNÄHRUNG
Ernährung des Menschen I
Herausgegeben von *Kurt Th. Willmann* · 171 Seiten

7 ERNÄHRUNG UND BEWUSSTSEIN
Ernährung des Menschen II
Herausgegeben von *Kurt Th. Willmann* · 190 Seiten

8 GESCHICHTSERKENNTNIS
Zur Symptomatologie der Geschichte
Herausgegeben von *Christoph Lindenberg* · 169 Seiten

9 WIEDERVERKÖRPERUNG
Zur Idee von Reinkarnation und Karma
Herausgegeben von *Clara Kreutzer* · 214 Seiten

10 GESUNDHEIT UND KRANKHEIT
Herausgegeben von *Otto Wolff* · 192 Seiten

11 SPIRITUELLE PSYCHOLOGIE
Herausgegeben von *Markus Treichler* · 310 Seiten

12 ELEMENTE DER ERZIEHUNGSKUNST
Herausgegeben von *Karl Rittersbacher* · 192 Seiten

13 ANTHROPOSOPHIE UND SOZIALE FRAGE
Herausgegeben von *Dietrich Spitta* · 320 Seiten

VERLAG FREIES GEISTESLEBEN